（北魏）酈道元　注

明鈔本水經注

第七册

國家圖書館出版社

第七册目録

水經卷第二十九

桑欽撰　酈道元注

沔水下　潛水　湍水　均水

粉水　白水　泚水

又東過堵陽縣堵水出焉自上粉縣北流注之

堵水自建平郡界故亭谷東歷新城郡郡故漢中之房陵縣也世祖建武元年封鄧晨為侯國也漢末以爲房陵郡魏文帝合房陵上庸西城立以為新城郡以孟達為太守治房陵故縣有粉水縣居其上故曰上粉縣也堵水之傍有別溪岸側土色解黄乃云可噉有言飲此水者令人無病而壽豈

其信乎又有白馬山山石似馬望之逼真側水謂之白馬塞孟達爲守登之而歎曰劉封申耽據金城千里而更失之乎爲上堵今音韻哀切有惻人心今水次尚歌之堵水又東北逕上庸郡故庸國也春秋文公十六年楚人秦人巴人滅庸庸小國附楚楚有災不救舉群蠻以叛故滅之以爲縣屬漢中郡漢末又分爲上庸郡城三面際水堵水又東逕方城亭而東北歷嵾山下而北逕堵陽縣南北流注于漢謂之堵口漢水又東謂之澇灘冬則水淺而下多大石又東爲淨灘夏水急盛川多湍復行旅苦之故諺曰冬澇夏淨斷官使命言二灘

阻礙

又東過鄖鄉縣南

漢水又東逕鄖鄉縣南之西山山有石蝦蟇倉卒看之與眞不別

漢水又東逕鄖鄉縣故城南謂之鄖鄉灘縣故黎也即長利之鄖鄉矣地理志曰鄖有關李奇以為鄖子國晉太康五年立以為縣

漢水又東逕琵琶谷口梁益二州分境於此故謂之琵琶界也

又東北流又屈東南過武當縣東北

縣西北四十里漢水中有洲名滄浪州庾仲雝漢

記謂之千齡洲非也是世俗語訛音與字變矣地說曰水出荊山東西流為滄浪之水是近楚都故漁父歌曰滄浪之水清兮可以濯我纓滄浪之水濁兮可以濯我足余按尚書禹貢言導漾水東流為漢又東為滄浪之水不言過而言為者明非他水決入也蓋漢沔水自下有滄浪通稱耳纏絡鄢郢地連紀郢咸楚都矣漁父歌之不違水地考按洲傳宜以尚書為正耳

漢水又東為很子潭

潭中有石磧洲長六十丈廣十八丈世亦以此洲為很子葬父於斯故潭得厥目焉所未詳也

漢水東南逕武當縣故城北

世祖封鄧晨子堂為侯國内有一碑文字磨滅不可復識俗相傳言是華君銘亦不詳華君何代之士

漢水又東平陽川水注之

水出縣北伏親山南歷平陽川逕平陽故城下又南流注于沔

沔水又東南逕縣城東

又東曽水注之水導源縣南武當山一曰太和山亦曰嵾上山山形特秀又曰仙室荊州圖副記曰山形持秀異於衆嶽峯首狀博山香爐亭亭遠出藥食延年者萃焉晉咸和中歷陽謝允捨羅邑宰

隱遁斯山故亦曰謝羅山曾水發源山麓逕越山陰東北流注于沔謂之曾口

沔水又東逕龍巢山下

山在沔水中高十五丈廣員一里二百三十步山形峻峭其上秀林茂木隆冬不凋

又東南逕涉都城東北

故鄉名也按郡國志筑陽縣有涉都鄉者也漢武帝元光元年封南海守降侯子嘉為侯國均水於縣入沔謂之均口也

又東南過酇縣之西南

縣治故城南臨沔水謂之酇頭漢高帝五年封蕭

何為侯國也薛瓚曰今南鄉酇頭是也茂陵書曰在南陽王莽更名南庚者也

又南逕穀城東又南過陰縣之西

沔水東逕穀城南而不逕其東矣城在穀城山上春秋穀伯綏之邑也墉闉穨毀基塹亦存沔水又東南逕陰縣故城西故下陰也春秋昭公十九年楚使工尹赤遷于下陰是也縣東有縣令濟南劉憙字德怡魏時宰縣雅好博右學教立碑載生徒百有餘人不終業而夭者因葬其地號曰生墳

沔水又東南得洛溪口

水出縣西北集池波東南流逕洛陽城北抗洛溪

溪水東南注沔水也

又南過筑陽東筑水出自房陵縣東過其縣南流注之

沔水又南汎水流注之水出梁州閬陽縣魏遣夏侯淵與張郃下巴西進軍宕渠劉備軍汎口即是水所出也張飛自別道襲張郃於此水郃敗棄馬升山走還漢中汎水又東巴西歷巴渠北新城上庸東逕汎陽縣故城南晋分筑陽立自縣以上山深水急枉渚崩湍水陸徑絶

又東逕學城南

梁州大路所由也舊說昔者有人立學都於此值世荒亂生徒罔依遂共立城以禦難故城得厥名

矣沘水又東流注于沔謂之沘口也沔水又南逕
闞林山東本郡陸道之所由山東有二碑其一即
記闞林山文曰君國者不躋高堙下先時或斷山
罡以通平道民多病守長冠軍張仲瑜乃與邦人
築斷故山道作此銘其一郭先生碑先名輔字甫
成有孝友悅學之美其女為立碑於此並無年號
皆不知何代人也

沔水又南逕築陽縣東

又南筑水注之杜預以為彭水也水出梁州新城
郡魏昌縣界縣以黄初中分房陵丘筑水東南流
逕筑陽縣水中有孤石挺出其下澄潭時有見比

石根如竹根而黄色見者多凶相與号為受石所未詳也筑水又東逕筑陽縣故城南縣故楚附庸也秦平鄢郢立以爲縣王莽更名之曰宜禾也建武元年世祖封吳財為侯國筑水又東流注于沔謂之筑口沔水又南逕高亭山東山有靈焉士民奉之所請有驗

沔水又東爲漆灘

新野郡山都縣與順陽筑陽分界於斯灘矣

又東過山都縣東北

沔南有固城城側沔川即新野山都縣治也舊南陽之赤鄉矣秦以爲縣漢高后四年封衛將軍王

愼為侯國沔北有和城即郡國志所謂武當縣之和聚山都縣舊嘗治此故亦謂是處為故縣灘沔水北岸數里有大石激名曰五女激或言女父為人所害居固城五女思復父怨故立激以攻城城北今淪於水亦云有人葬沔北墓宅將為水毀其人五女無男皆悉巨富共脩此激以全墳宅然激作甚工又云女嫁為陰縣佷子家貲萬金而自少小不從父語父臨亡意欲葬山上恐兒不從故劃言葬我着諸下石磧上佷子曰我由來不奉教今從語遂盡散家財作石冢積土繞之成一洲長數百步元康中始為水所壞今石皆如半榻許數百

枚聚在水中佷子是前漢人襄陽太守胡烈有惠化補塞堤決民賴其利景元四年九月百姓刊石銘之樹碑於沔水又東偏淺冬月可涉渡謂之交湖兵戎之交多自此濟晋太康中得鳴石於此水撞之聲聞數里

沔水又東逕樂山北

昔諸葛亮好為梁甫吟每所登遊故俗以樂山為名

沔水又東逕隆中

歷孔明舊宅北亮語劉禪云先帝三顧臣於草廬之中咨臣以當世之事即此宅也車騎沛國劉季和之鎮襄陽也與犍為人李安共觀此宅命安作

宅銘云天子命我于沔之陽聽皷鞞而永思庶先
哲之遺光後六十餘年永平之五年習鑿齒又為
其宅銘焉

潛水出巴郡宕渠縣

潛水蓋漢水枝分潛出故受其稱耳今爰有大穴
潛水入焉通罡山下西南潛出謂之複水或以為
古之潛水鄭玄曰漢別爲潛其穴本小水積成澤
流與漢合大禹自廣漢疏通即為西漢水也故書
曰沱潛既道劉澄之稱白水入潛然白水與羌水
合入漢是猶漢水也縣以延熙中分巴立宕渠郡
蓋古賨國也今有賨城縣有渝水夾水上下皆賨

民所居漢祖入關從定三秦其人勇健好歌儛高
祖愛習之今巴渝儛是也縣西北有不曹水南逕
其縣下注潛水縣有車騎將軍馮緄桂陽太守李
温冢二子之靈常以三月還鄉水暴長郡縣吏民
莫不於水上祭今所謂馮李也

又南入于江

庾仲雍云墊江有別江出晉壽縣即潛水也其南
源取巴西是西漢水也

湍水出酈縣北芬山南流過其縣東又南過冠軍縣東

湍水出弘農界翼望山水甚清徹東南流逕南酈
縣故城東史記所謂下酈也漢武帝元朔元年封

左將軍同爲侯國湍水又南菊水注之水出西北
石澗山芳菊溪亦言出析谷蓋溪澗之異名也源
傍悉生菊草潭澗滋液極成甘美云此谷之水土
湌挹長年司空王暢太傅袁隗太尉胡廣並汲飲
此水以自綏養是以君子留心甘其臭尚矣菊水
東南流入于湍湍水又逕其縣東南歷冠軍縣西
北有楚堨高下相承八重周十里方塘蓄水澤潤
不窮湍水又逕冠軍縣故城東縣本穰縣之盧陽
鄉宛之臨駣聚漢武帝以霍去病功冠諸軍故立
冠軍縣以封之水西有漢太尉長史邑人張敏碑
碑之西有魏征南軍司張詹墓墓有碑碑背刊云

白楸之棺易朽之裳銅鐵不入凡器不藏嗟矣後
人幸勿我傷自後右墳舊冢莫不夷毀而是墓至
元嘉初尚不見發六年大水蠻饑始被發掘說者
言初開金銀銅錫之器朱漆彫刻之飾爛然有二
朱漆棺棺前垂竹簾隱以金釘墓不甚高而内極
寬大虛設白楸之言空負黃金之實雖意固南山
寧同壽乎湍水又逕穰縣為六門陂漢孝成之世
南陽太守邵信臣以建昭五年斷湍水立穰西石
碣至元始五年更開三門為六石門故號六門堨
也溉穰新野昆陽三縣五千餘頃漢末毀廢遂不
脩理晋太康三年鎮南将軍杜預復更開廣利加

于民今廢不脩矣六門側猶有六門碑是部曲左安陽亭侯鄧達等以太康五年立湍水又逕穰縣故城北又東南逕魏武故城之西南是建安三年曹公攻張繡之所築也

又東過白牛邑南

湍水自白牛邑南建武中世祖封劉嵩為侯國湍水又東南逕安衆縣故城南縣本宛之西鄉漢長沙定王子康侯丹之邑也湍水東南流涅水注之水出涅陽縣西北岐棘山東南逕涅陽縣故城西漢武帝元朔四年封路最為侯國王莽之所謂前亭也應劭曰在涅水之陽矣縣南有二碑碑字紊

滅不可復識云是左伯豪碑涅水又東南逕安衆縣堨而為陂謂之安衆港魏太祖破張繡於是處與荀彧書曰繡遏五歸師迫我死地蓋於二水之間以為沿涉之艱岨也涅水又東南流注于湍水

又東南至新野縣

湍水至縣西北東分為鄧氏陂漢太傅鄧禹故宅其奉朝請西亭侯鄧晨故宅隔陂鄧颺為晨宅略存焉

東入于淯

均水出淅縣北山南流過其縣之東

均水發源弘農郡之盧氏縣熊耳山山南即脩陽

葛陽二縣界也雙峯齊秀望若熊耳因以爲名齊桓公郡陵之會西望熊耳即此山也太史公司馬遷皆嘗登之縣即淅縣之北鄉故言出淅縣北也均水又東南流注逕其縣下南越南鄉縣又南流與丹水合

又南當涉都縣邑北南入于沔

均水南逕順陽縣西漢哀帝更爲博山縣漢明帝復曰順陽應劭曰縣在順水之陽今於是縣則無聞於順水也章帝建初四年封衛尉馬康爲侯國晋太康中立爲順陽縣西有石山南臨洵水洵水又南流注于沔水謂之洵口者也故地理志謂

之淯水言熊耳之山淯水出焉又東南至順陽入
于沔

粉水出房陵縣東流過郢邑南

粉水導源東流注上粉縣取此水以漬粉則皓耀
鮮潔有異衆流故縣水皆取名焉

又東過穀邑南東入于沔

粉水至筑陽縣西而下注于沔水謂之粉水粉水
有文将軍冢墓隧前有石虎石柱甚脩麗閭丘羨
之為南陽塟婦墓側将平其域夕患夢文諫止羨
之不從後羨之爲楊佺期所害論者以爲文将軍
之祟也

白水出朝陽縣西東流過其縣南
王莽更之曰朝陽也爲屬信縣應劭曰縣在朝水
之陽今朝水逕其北而不出其南也蓋邑郭淪移
川渠狀故攺名舊傳遺稱在今也
又東至新野縣南東入于淯
泚水出泚陽東北太胡山東南流逕其縣南泄水從
南來注之
太胡山在泚陽北如東三十餘里廣員五六十里
張衡賦南都所謂天封太胡者也應劭曰泚水出
泚陽縣東入蔡經云泄水從南來注之然泚陽無
泄水蓋俣引之壽春泚泄耳余以延昌四年蒙除

東荆州刺史州治泚陽縣故城城南有蔡水出南
盤石山故亦曰盤石川西北流注于泚非泄水也
呂氏春秋曰齊令章子與韓魏攻荆荆使唐蔑應
之夾泚而軍欲視水之淺深荆人射之而莫知也
有芻者曰兵盛則水淺矣章子夜襲之斬蔑於是
水之上也泚水又西澳水注之水北出茈丘山東
流屈而南轉又南入于泚水按山海經云澳水又
北入視不注泚水余按呂忱字林及難字爾雅並
言灤水在泚陽縣其川流所謂診其水土津注宜
是灤水音藥也泚水又西南歷長岡月城北舊泚
水右會馬仁陂水水出灤陰北山泉流競湊水積

成湖蓋地百頃謂之馬仁陂陂水歷其縣下西南堨之以溉田疇公私引列水流遂斷故瀆尚存泚水又南逕會口與緒水枝津合泚水又南與澧水會澧水源出于桐栢山與淮同源而别流西注故亦謂水為派水澧水西北流逕平氏縣故城東北王莽更名其縣曰平善城内有南陽都鄉正衛彈勸碑澧水又西北合溲水水出湖陽北山西流北屈逕平氏城西為北入澧水澧水又西注泚水泚水自下亦通謂之為派水昔漢光武破甄阜梁丘賜於泚水西斬之於斯水也泚水又南趙澧二渠出焉泚水又西南流謝水注之水出謝城北二源

微小至城漸大城周廻側水詩所謂申伯番番既
入于謝者也世祖建武十三年封樊重少子丹為
謝陽侯即其國也然則是水即謝水也岸下深浚
流徐平時人目之為渟灣水城成又以渟灣為目
非也其西城之舊棘陽縣治故亦謂之棘陽城也
謝水又東南逕新都縣左注泚水又西南流逕新
都縣故城西王莽更之曰新林郡國志曰以為新
野之東鄉故新都者也

又西至新野縣南入于淯

泚水於岡南西南流戍在岡上泚水又西南與南
長坂門二水合其水東北出湖陽東陰出山之西

側有漢曰南太守胡著碑子珎騎都尉尚湖陽長
公主即光武之伯姊也廟堂皆以青石為階陛廟
北有石堂珎之玄孫桂陽太守瑒以延熹四年遭
母憂於墓次立石祠勒銘于梁石宇傾頹而梁宇
無毀盛弘之以為樊重之母畏雷室蓋傳疑之謬
也陸山南有一小山山坂有兩石虎相對夾隧道
雖處蠻荒全無破毀作制甚工信為妙矣世人因
謂之為石虎山其水西南流逕湖陽縣故城南地
理志曰故蓼國也竹書紀年曰楚王會宋平于湖
陽者矣東城中有二碑似是樊重碑悉載故吏人
名司馬彪曰仲山甫封於樊因氏國焉爰自宅陽

徙居湖陽能治田殖至三百頃起廬舍高樓連閣波
陂灌注竹木成林六畜放牧魚蠃梨菓檀棘桑麻
閉門成市兵弩器械貲至百萬其興工造作為無
窮之巧不可言富擬封君世祖之少數歸外氏及
之長安受業齎送甚至世祖即位追爵敬侯詔湖
陽為重立廟置吏奉祠巡祠章陵常幸重墓其水
四周城溉城之東南有若令樊萌中常侍樊安碑
城南有數碑無字又有石廟數間依于墓側棟宇
崩毀惟石壁而已亦不知誰之胄族矣其水南入
大湖湖陽之名縣藉茲而納稱也湖水西南流又
與湖陽諸陂散水合謂之板橋水又西南與醴渠

合又有趙渠注之二水上承派水南逕新都縣故城東西濆雙引南合板橋水板橋水又西南與南長水會水上承唐子襄鄉諸陂散流也唐子陂在唐子山西南有唐子亭漢光武自新野屠唐子鄉殺湖陽尉於是地陂水清深光武後以為神淵西南流於新野縣與板橋水合西南注于沘水又西南流注于清水也

水經卷第二十九

水經卷第三十

桑欽撰　酈道元注

淮水

淮水出南陽平氏縣胎簪山東北過桐柏山

山海經曰淮出餘山在朝陽東義鄉西尚書導淮自桐柏地理志曰南陽平氏縣王莽之平善也風俗通曰南陽平氏縣桐柏大復山在東南淮水所出也淮均也春秋說題辭曰淮者均其勢也釋名曰淮韋也韋繞楊州北界東至于海也爾雅曰淮為滸然淮水與醴水同源俱導西流為醴東流為淮自潛流也下三十許里東出桐柏之大復山南

謂之陽口水南即復陽縣也闞駰言復陽縣胡陽之樂鄉也元帝元延二年置在桐柏大復山之陽故曰復陽也東觀漢記曰朱祐少歸歸外家復陽劉氏山南有淮源廟廟前有碑是南陽郭苞立又二碑並是漢延熹中守令所造文辭鄙拙殆不可觀故經云東北過桐柏也

淮水又東逕義陽縣

縣南對固成山山有水注流數丈洪濤灌山遂成巨井謂之石泉水北流注于淮

淮水又逕義陽縣故城南

義陽郡治也世謂白茅城其城圓而不方闞駰言

二三兩葉誤倒

江國也嬴姓矣今其地有江亭春秋文公三年楚滅江秦伯降服出次曰同盟滅雖不能救敢不矜乎地理志曰漢乃縣之呂后八年封淮南厲王子劉勃爲侯國王莽之均夏也

淮水又東得澌口水

源南出大潰山東北流翼帶三川亂流北注澌水又北逕賢首山西又北出東南屈逕仁順城南故義陽郡治分南陽置也晋太始初以封安平獻王孚長子望本治在石城山上因梁希侵逼徒治此城齊司州刺史馬鮮甲不守魏置郢州也昔帝珍奇自懸瓠遣三千騎援義陽行事龐定光屯于澌

水者也澌水東南流歷金山北山無樹木峻峭層峙澌水又東逕義陽故城北城在山上因倚陵嶺周迴三里是郡昔所舊治城城南一十五步對門有天井周一百餘步深一丈東逕鍾武故城南本江夏之屬縣也王莽之當利縣矣又東逕石城山北山甚高峻史記曰魏攻冥阨音義曰冥阨或言在鄳縣葙山也按呂氏春秋九塞其一也澌水逕鄳縣故城南建武中世祖封鄧邯為鄳縣侯蘇林曰音盲澌水又東逕七井岡南又東北注于淮淮水又東至谷口谷水南出鮮金山北流至瑟水注之水出西南具山東北逕光淹城東而北逕青山

晉大始中割南陽東鄙之安昌平林平氏義陽四
縣置義陽郡於安昌城又太康記晉書地道記並
有義陽郡以南陽屬縣爲名漢武帝元光四年封
北地都尉衛山爲侯國也有九渡水注之水出雞
翅山磎澗瀠委沿溯九渡矣其猶零陽之九渡水
故亦謂之爲九渡焉於溪之東山有一水發自山
椒下數丈素湍直注頹波秀聳可數百丈望之若
靡幅練矣下注九渡水九渡水又北流注于淮
東過江夏平春縣北
淮水又東油水注之
水出縣西南油溪東北流逕平春縣故城南漢和

帝建初四年封子全為王國淮水又東曲岸北有一土穴徑尺泉流下注沿流波三丈入于油水亂流南屈又東北注于淮淮水又東北逕城陽縣故城南漢高帝十二年封定侯奚竟為侯國王莽之利新也魏城陽郡治

淮水又東北與大木水合

水西出大木山山即晋車騎將軍祖逖自陳留將家避難所居也其水東逕城陽縣北而東入于淮

淮水又東北流左會湖水

傍川西南出窮溪得其源也

淮水又東逕安陽縣故城南

東羅山西東北流注于谷水谷水東北入于淮

又東逕新息縣南

淮水東逕故息城南春秋左傳隱公十一年鄭息有違言息侯伐鄭鄭伯敗之者也

淮水又東逕浮光山北

亦曰扶光山即弋山也逕新息縣故城南應劭曰息後徙東故加新也王莽之新德也光武十九年封馬援為侯國外城北門内有新息長貫彪廟廟前有碑面南又有魏汝南太守程堯碑魏太和中蠻田益宗効域立東豫州以益宗為刺史淮水又東合慎縣水水出慎陽縣西而東逕慎陽縣故城

南縣取名焉漢帝十一年封欒說為侯國潁陰劉陶為縣長政化大行道不拾遺以病去官童謠歌曰邑然不樂思我劉君何時復來安此下民見思如此應劭曰慎水所出東北入淮慎水又東流積為燋陂陂水又東南流為上慎陂又東為中慎陂又東南為下慎陂皆與鴻郤陂水散流其陂首受淮川左結鴻陂漢成帝時翟方進奏毀之建武中汝南太守鄧晨欲修復之知許偉君曉知水脉召與議之偉君言成帝用方進言之尋而夢上天天帝怒曰何故敗我濯子淵是後民失其利時有童謡曰敗我陂翟子威及子覆陂當復明府興復廢

業童謡之言将有徵矣遂署都水掾起塘四百餘里百姓得其利陂水散流下合慎水而東南逕息城北又東逕南入淮謂之慎口淮水又東與申陂水合水上承申陂於新息縣北東南流分為二水一水逕深丘西又屈逕其南南派為蓮湖水南流注于淮淮水又左迆流結兩湖謂之東西蓮湖矣

淮水又東右壑水

水出白沙山東北逕柴亭西俗謂之柴水又東北流與潭溪水合水發潭谷東北流右會柴水柴水又東逕黄城西故弋陽縣也城內有二城西即黄城也柴水又東北入於淮謂之柴口也

淮水又東北申陂枝水注之
水首受陂水于深丘北東逕釣臺南臺在水曲之
申臺北有琴臺又東逕陽亭南東南合淮
淮水又東逕淮陰亭北又東逕白城南
楚白公勝之邑也又東北去白亭一十里
淮水又東逕長陵戍南又水青陂水注之
分青陂東瀆東南逕白亭西又南於長陂戍東東
南入于淮
淮水又東北合黄水
水出黄武山東北流水陵關注之水導木陵山西
北流注于黄水黄水又東逕晋西陽城南又東逕

南光城南光郡治又東北逕高城南故弦高國
也又東北逕弋陽郡東有虞丘郭南有子相廟黃
水又東北入于淮謂之黃口淮水又東北逕褒信
縣故城南而東注流之者也

又東過期思縣北

縣故蔣國周公之後也春秋文公十年楚王田孟諸期思公復遂為司馬楚滅之以為縣漢高帝十二年以封賁赫為侯國城之西北隅有楚相孫叔敖廟廟前有碑

淮水又東北淠水注之

水出弋陽縣南垂山西北流歷陰山關逕二城間

舊有賊難軍所謂頓防西北出山又東北流逕新城戍東又東北得詔虞水口西北去弋陽虞丘郭二十五里水出南山東北流逕詔虞亭東而北入淠水又東北注淮俗曰白鷺水

東過原鹿縣南汝水從西北來注之

縣即春秋之鹿上也左傳僖公二十一年來為鹿上之盟以求諸侯於楚建武十五年世祖更封侍中執金吾陰鄉侯陰識為侯國者也

又東過廬江安豐縣東北決水從北來注之

廬江故淮南也漢文帝十六年別以為國應劭曰故廬子國也決水自舒蓼北注不於北來也安豐

東北注淮者窮水矣又非決水皆誤耳

淮水又東谷水入焉

水上承富水東南流世謂之谷水也東逕原鹿縣故城北城側水南谷水又東逕富陂縣故城北俗謂之成閻亭非也地理志曰汝南郡有富陂縣建武二年世祖改封平鄉侯王霸為富陂侯十三州志曰漢和帝永元九年分汝陰置多陂塘以漑稻故曰富陂縣也谷水又東於汝陰城東南注

淮水又東北左會潤水

水首受富陂東南流為高塘陂又東積而為陂水東注焦陵陂陂水北出為鮦陂陂水潭漲引瀆北

注汝陰四周隍塹下注潁水焦湖東注謂之潤水

逕汝陰縣東逕荆亭北而東入

淮水又東北窮水入焉

水出六安國安豐縣窮谷春秋左傳楚救灊司馬沈尹戌與吳師遇于窮谷者也川流泄注于决水之右北灌安豐之左世謂之豐豐水亦曰窮水音戎並聲相近字隨讀轉流結為陂謂之窮陂塘堰雖淪猶用不輟陂水四分豐事用康北流注于淮京相璠曰今安豐有窮水北入淮淮水又東為安豐津水南有城故安豐都尉治後立霍丘戌淮淮中有州俗號關洲蓋津關所在故斯洲納稱焉魏

書國志有曰司馬景王征毋丘儉使鎮西将軍豫
州刺史諸葛誕從安豐津先至壽春儉敗與小弟
秀藏水草中安豐津都尉部民張屬斬之傳首京
都即斯津也

又東北至九江壽春縣西淝水洪水合北注之又東
潁水從西北來流注之

淮水又東左合淝口又東逕中陽亭北為中陽度
水流淺磧可以厲也

淮水又東流與潁口會東南逕倉陵北又東北流逕
壽春縣故城西

縣即楚考烈王自陳徙此秦始皇立九江郡治此

蕪得廬江豫章之地故以九江名郡漢高帝四年
爲淮南國孝武元狩六年復爲九江焉文穎曰史
記貨殖傳曰淮以北沛陳汝南南郡爲西楚彭城
以東東海吳廣陵爲東楚衡山九江江南豫章長
沙爲南楚是爲三楚者也

淮水又北左合椒水

水上承淮水東北流逕蚍地南又歷其城東亦謂
之清水東北流注于淮水謂之清水口者左合椒
水爲

又東過壽春縣北肥水從縣東北流注之

淮水於壽陽縣西北肥水從城而北入于淮謂之

肥口淮水又北夏肥水注之水上承妙水於城文
縣右出東南流逕城父縣故城南王莽之思善也
縣故焦夷之地春秋左傳昭公九年楚公子棄疾
遷許于夷實城父矣取州來淮北之田以益之五
舉授許夷田杜預曰此時改城父為夷故傳實之
者也言夷田在濮水西者也然則濮水即沙水之
兼称得夏肥之通目矣濮桓帝永壽元年封大將
軍梁冀孫桃為侯國者也夏肥水自縣又東逕思善
縣之故城南漢章帝章和三年分城父立夏肥水
又東為高坡又東為天淙陂水出分為二流南為
肥水北為雞陂夏肥東流左合雞水水出雞陂東

爲黄陂又東南流積爲茅陂又東爲雞水吕氏春
秋曰宋人有取道者其馬不進投之雞水是也雞
水又會肥水而亂流東注俱入于淮

淮水又北逕山硤中謂之硤石
對岸山上結二城以防津要西岸山上有馬跡世
傳淮南王乘馬昇仙所在也今山之東南石上有
大小馬跡一十餘所仍今存焉淮水又北逕下蔡
縣故城東本州來之城也吳季札始封延陵後邑
州來故曰延州來矣春秋襄公二年蔡成公曰新
蔡遷于州來謂之下蔡也淮之東岸又有一城下
蔡新城也二城對據翼帶淮濆淮水東逕八山北

山上有老子廟淮水歷潘城南置潘溪戍戍東側潘溪吐川納淮更相引注又東逕梁城臨側淮川川左有湄城淮水左迆為湄湖淮水又右納洛川於西曲陽縣北水分閻溪北絕橫塘北逕蕭亭東又北鵲甫溪水入焉水出東鵲甫谷西北流逕鵲甫亭南西北流注于洛水北逕西曲陽縣故城東三莽之延平亭也應劭曰縣在淮曲之陽下邳有曲陽故是加西也洛澗北歷秦墟下注淮謂之洛口經所謂淮水逕壽春縣北肥水縣東北注者也蓋經之謬矣考川定土即實為非是曰洛澗非肥水也

淮水又北 逕莫耶山西
山南有陰陵縣故城漢高祖五年項羽自垓下從
數百騎夜馳渡淮至陰陵迷失道左陷大澤漢令
騎將灌嬰以五千騎追及之於斯縣者也按地理
志王莽之陰陸也後漢九江郡治時多虎災百姓
苦之南陽朱均為守退貪殘進忠良虎悉東渡江
又東過當塗縣北過水從西北來注之
淮水自莫耶山東北逕馬頭城北魏馬頭郡治也
故當塗縣之故城也呂氏春秋曰禹娶塗山氏女
不以私害公自辛至甲四日復往治水故江淮之
俗以壬辛癸甲為嫁娶日也萬娶在山西南縣即

其地也地理志曰當塗侯國也魏不害以圉守尉捕淮陽反者公孫勇等漢以封之王莽更名山聚也

淮水又東北濠水注之水出莫耶山東北之溪溪水西北引瀆逕禹墟北又西流注于淮

淮水又北沘水注之經所謂蒗蕩渠也淮之西有平阿縣故城王莽之平寧也建武十三年世祖更封耿阜為侯國郡國志曰平阿縣有當塗山淮出于荊山之左當塗之右奔流二山之間西揚濤北注之春秋左傳哀公十年大夫對孟孫曰禹會諸侯于塗山執玉帛者

萬國杜預曰塗山在壽春東北非也余按國語曰
吳伐楚墮會稽獲骨焉節車車吳子使來聘且問
之容執骨而問之敢問骨何爲大仲尼曰丘聞之
昔禹致群神於會稽之山防風氏後至禹殺之其
骨專車此爲大也蓋丘明親承聖旨録爲實証矣
又按劉向説苑辯物王肅之叙孔子世孫禮𣪘所
出先人書家語並出此事故塗山有會稽之名考
校群書及方士之目疑非此矣盖周穆之所會矣
淮水於荆山北過水自南注之又東北逕沛郡義
城縣東司馬彪曰後隸九江也
又東過鍾離縣北

世本曰鍾離嬴姓也應劭曰縣故鍾離子國也楚滅之以為縣春秋左傳所謂吳公子光伐楚拔鍾離者也王莽之蠶富也豪水出陰陵縣之陽亭北小屈有石穴不測所窮言穴出鍾乳所未詳也豪水東北流逕其縣西又屈而南轉東逕其城南又北歷其城東逕小城而北流注于淮

淮水又東逕夏丘縣南

又東渙水西入九里注之渙水又東南流逕雝丘縣故城南又東逕承匡城又東逕襄邑縣故城南故宋之承匡襄牛之地宋襄公之所築故子襄陵矣竹書紀年梁惠成王十七年宋景敾衞孫公倉

會齊師圍我襄陵十八年惠成王以韓師諸侯師
于襄陵縣齊侯使楚景舍來求成公會齊宋之圍
即於此也西有承匡城春秋會于承匡者也秦始
皇以承匡卑濕徙縣於襄陵更為襄邑也王莽以
為襄平也漢相帝建和元年封梁冀子胡狗為侯
國陳留風俗傳曰縣南有渙水故傳曰睢渙之間
出文章天子郊廟御服出焉尚書所謂厥篚織文
者也渙水又東南逕己吾縣故城南又東逕鄫城
北春秋襄公元年經書晋韓厥帥師伐鄭魯仲孫
義會齊曹邾杞次于鄫杜預曰陳留襄邑縣東南
有鄫城渙水又東南逕鄫城北新城南又東南左

合明溝溝水自蓬洪陂東南流謂之明溝下入渙水又逕亳城北帝王世記曰穀熟為南亳即湯都也十三州志曰漢武帝分穀熟置春秋莊公十三年宋公御說奔亳者也渙水東逕穀熟城南漢光武逢武二年封更始子歆為使國又東逕楊亭北春秋左氏傳襄公十二年楚子囊秦庶長無地伐宋師子楊梁報晋之取鄭也京相璠曰宋地矣今睢陽東南三十里有故楊梁今曰陽亭也俗名之曰緑城非矣西北去梁國八十里渙水又東逕沛郡之建平縣故城南漢武帝元年封杜延年為侯國王莽之曰平也又東逕鄼縣故城南春秋襄公

十年公會諸侯及齊世子光于鄸今其地鄸聚是
也王莽之鄭治矣漢水又東南逕費亭南漢建和
元年封中常侍沛國曹騰爲侯國騰字季興譙人
也永初中定桓帝策封亭侯此城即其所食之邑
也涣水又東逕銍縣故城南昔吴廣之起兵也使
葛嬰下之涣水又東苞水注之出譙城北自汀陂
陂水東流逕鄭縣南又東逕鄭縣故城南漢景帝
中元年封周應爲侯國王莽更之曰留城也音多
又東逕嵇山北嵆氏故居嵆本姓奚會稽人也先
人自會稽遷于譙之銍縣故爲嵆氏取稽字之上
以爲姓蓋志本也嵆氏譜曰譙有嵇山家于其側

遂以爲氏縣魏黄初中文帝以酇城父山桑銍置譙郡故隸譙焉苞水東流入渙渙水又東南逕蘄縣故城南地理志曰故垂鄉也漢高帝破黥布於此縣舊都尉治王莽之蘄城也水上有古石梁處遺基尚存渙水又東逕穀陽縣右會八丈故瀆瀆上承洨水南流注于渙渙水又東逕穀陽戍南又東南逕穀陽故城東北右與解水會水上承縣西南解塘東北流逕穀陽城南即穀水也應劭曰城在穀水之陽穀水又東北流注于渙渙水又東南逕白石戍南逕虹城南洨水注之水首受蘄水於蘄縣東南流逕穀陽縣八丈故瀆出焉又東合長直故溝溝

上蘄水南會于洨洨水又東南流于洨縣故城北縣有垓下聚漢高祖破項羽所在也王莽更名其縣曰育城應劭曰洨水所出音絞經之絞也洨水又東南入于淮故應劭曰洨水南入淮淮水又東至巉石山潼水注之水首受潼縣西南潼陂縣故臨淮郡之屬縣王莽改曰成信矣南逕沛國夏丘縣絕蘄逕夏丘縣故城西王莽改曰歸思也又東南流逕臨潼戍西又東南至巉石西南入淮

淮又東逕浮山

山北對巉石山梁氏天監中立堰於二山之間逆大地之心乖民神之望自然水潰淮矣

淮水又東逕徐縣南歷澗水注之

導徐城西北徐陂陂水南流絕蘄水逕歷澗水西東南流注于淮

淮水又東池水注之

水出東城縣東北流逕東城縣故城南漢以數千騎追羽師二十八騎引東城因西隤山斬將而去即此處也史記孝惠八年封淮南厲王子劉賜為國地理志王莽更名之曰武城也池水又東北流歷二山間東北入于淮謂之池口也

淮水又東蘄水注之

水受睢水於穀熟城東北東逕建城縣故城北漢

光武九朔四年封長沙定王子劉拾為侯國王莽
之多聚蘄水又東南逕蘄縣縣有大澤鄉陳涉起
兵于此篝火為狐鳴處也南則洨水出焉蘄水又
東南北入丈八故溝出焉又東流南北長直故瀆
出焉又東入夏丘縣東絶潼水逕夏丘縣故城北
又東南逕潼縣南又東南流入徐縣東絶歷澗又
東逕大徐縣故城南又東流注于淮
淮又東歷客山逕盱眙縣故城西
地理志曰都封治漢武帝元朔元年封江都易王
子劉蒙之為侯國王莽更名之曰匡武淮水又東
逕廣陵廣淮陽城北臨泗水岨于二水之間述征

記淮陽太守治自後置戍縣亦有時廢興也
又東北至下邳淮陰縣西泗水從西北來流注之
淮泗之會即角城也左右兩川翼夾二水决入之
所所謂泗口也
又東過淮陰縣北中瀆水出白馬湖東北注之
淮水右岸即淮陰也城西二里有公路浦音袁術
向九江將東奔袁譚路出斯浦因以爲名焉又東
逕淮陰縣故城北北臨淮水漢高帝六年封韓信
爲侯國王莽之嘉信也昔韓信去下鄉而釣於此
處也城東有兩冢西者即漂毋冢也周迴數百步
高十餘丈昔漂毋食信於淮陰信王下邳蓋投金

增陵以報毋吳東一陵即信毋冢也縣有中瀆水
首受江于廣陵郡之江都縣縣城臨江應劭地理
風俗記曰縣為一都之會故曰江都也縣有江水
祠俗謂之伍相廟也子胥但配食耳歲三祭與五
岳同舊水道也昔吳將伐齊北霸中國自廣陵城
東南築邗城城下掘深溝謂之韓江亦曰刊溟溝
自江東北通射陽湖地理志所謂築水也而北至
末口淮自永和中江都水斷其水上承歐陽引江
入埭六十里至廣陵城楚漢之間為東陽郡高祖
六年為荊國十一年為吳城即吳王濞所築也景
帝四年更名江都武帝元狩三年更曰廣陵王莽

郡曰江平縣曰定安城東水上有梁謂之洛橋中
瀆水自廣陵北出武廣湖東陸陽湖西二湖東西
相直五里水出其間下注樊梁湖舊道東北出至
博芝射陽二湖西北出夾耶乃至山陽矣至永和
中患湖道多風陳敏因穿樊梁湖北口下注津湖
逕渡渡十二里方達北口直至夾耶興寧中復以
津湖多風又自湖之南北口沿東岸二十里穿渠
入北口自後行者不復由湖故蔣濟三州論曰淮
湖紆遠水陸異路山陽不通陳穿溝更鑿馬瀨百
里渡湖者也自廣陸出山陽白馬湖逕山陽城西
即射陽縣之故城也應劭曰在射水之陽漢高祖

六年封楚左令尹項纏爲侯國也王莽更之曰監
淮亭世祖建武十五年封子荆爲山陽公治此十
七年爲王國城本北中郎將庾布所鎮中瀆又東
謂之山陽浦又東入淮謂之山陽口者也

又東兩小水流注之

淮水左逕泗水國南故東海郡也徐廣史記音義
曰泗水國名漢武帝元鼎三年初置都郯四年常
山憲王子思王商爲國地理志曰王莽更泗水郡
爲順水陵縣爲生麥凌水注之水出凌縣東流逕
其縣故城東而東南流注于淮寔曰口也應劭曰
凌水出縣西南入淮即經所謂之小水者也

又東至廣陵淮浦縣入于海

應劭曰浦岸也蓋側淮瀆故受此名淮水出縣故城王莽更名之曰淮敬淮水於縣枝分北為游水歷朐縣與沭合又逕朐山西山側有朐縣故城秦始皇三十五年於朐縣立石海上以為秦之東門崔琰述初賦曰倚高艫以周盼兮觀秦門之将将者也東北海中有大洲謂之郁洲山海經所謂郁山在海中者也言是山自蒼梧徙此云山上猶有南方草木今郁州治故崔李珪之叙述初賦言郁州者故蒼梧之山也心悅而怪之聞其上有仙士石室也乃枉觀所見一道人獨處休休然不談不

對顧非已及也即其賦所云吾夕曰濟于郁州者也游水又北逕東海利城縣故城東之故利鄉也漢武帝元朔四年封域陽共王子嬰為侯國王莽更之曰流泉游水又北歷羽山西起地理志曰羽山在祝其縣東南尚書曰堯時曰四岳得舜進十六族殛鯀于羽山是為檮杌與驩兜三苗共工同其罪故世謂之四凶鯀既死其神化為黃龍入于羽淵是為夏郊三代祀之故連山易曰有崇伯鯀伏于羽山之野者是也游水又北逕祝其縣故城西春秋經書夏公會齊侯于夾谷左傳定公十年公及齊平會于祝其實夾谷也服虔曰地二名王莽

更之曰猶亭縣之東有夾口浦游水左逕瑯琊即

丘縣故城之西地理志曰莒子始起于此後徙莒

有鹽官故世謂之南莒也游水又東北逕贛榆縣

北東側巨海有秦始皇碑在山上去海一百五十

步潮水至加其上三丈去則三尺所見東北傾石

長一丈八尺廣五尺厚三尺八寸一行一十二字

游水又東北逕紀鄣故城南春秋昭公十年齊代

莒莒子奔紀鄣莒之婦人怨莒子之害其夫老而

託紡焉取其纑而夜縋縋絶鼓譟城上人亦譟莒

共公懼啓西門而出齊遂入紀故紀子帛之國穀

梁傳曰吾伯姬婦歸于紀者也杜預曰紀鄣地二名

東海贛榆縣東北有故紀城即此水也游水東北
入海舊吳之燕岱常泛巨海憚其濤嶮更沿湖是
瀆是由出地理志曰游水自淮浦北入海爾雅曰
淮别爲澥游水亦枝稱者也

水經卷第三十

水經卷第三十一　　桑欽撰　　酈道元注

淯水　清水　㶏水　灄水

溳水　潕水　涢水

淯水出南陽魯陽縣西之堯山

堯之末孫劉累以龍食帝孔甲孔甲又求之不得累懼而遷于魯縣立堯祠於西山謂之堯山故張衡南都賦曰奉先帝而追孝立唐祠於堯山堯山在太和川太和城東北淯水出焉張衡南都賦曰其川瀆則淯澧㵪瀘發源巖穴布濩漫汗漭沆洋溢總激急趣箭馳風疾者也淯水又歷太和川東

逕小和川又東温泉水注之水出北山七泉奇發
炎熱特甚闞駰曰縣有湯水可以療疾矣湯側又
有寒泉焉地勢不殊而炎涼異致雖隆火盛月肅
若冰谷矣渾流同溪南流注湟水又東逕胡木山
東流又會温泉口水出北山阜炎勢奇毒痾疾之
徒無能澡其衝漂救養者咸去湯十許步别池然
後可入湯側有石銘云皇女湯可以療萬疾者也
故杜彥達云然如沸湯可以熟米飯之愈百病道
士清身沐浴一日三飯多少自在四十日後身中
萬病愈三蟲死學道遭難逢危終無悔心可以牢
神存志即南都賦所謂湯谷湧其後者也然宛縣

有紫山山東有一水東西十五里南北二步步甚然
冲滿無所通會冬夏常温世亦謂之湯谷也非魯
陽及南陽之縣故也張平子廣言土地所苞明非
此矣滍水又東房陽川水注之水出南陽雉縣西
房陽川北流注于滍滍水之北有積石焉世謂女
靈山其山平地介立不連岡以成高峻石孤峙下
託勢以自遠四面壁絶極能靈舉遠望亭狀單楹
揷霄矣北面有如穨落旁得道步好事者時有扳
陟耳滍水又與波水合水出霍陽西川大嶺東谷
俗謂之歇馬嶺川曰廣陽川非也即應劭所謂孤
山波水所出也馬融廣成頌曰浸以波溠其水又

南逕蠻城下蓋蠻别邑也俗謂之麻城非也波水
又南分三川於白亭東而俱南入滍水滍水自下
兼波水之通稱也是故闕駰有東北至定陵入汝
之文滍水又東逕魯陽縣故城南城即劉累之故
邑也有魯縣居其陽故因名焉王莽之魯山也昔
在於楚文子守之與韓遘戰有返景之誠内有南
陽都鄉正衛為牌滍水石合魯陽關水水出魯陽
關外分頭山横嶺下夾谷東北出入滍滍水又東
北合牛蘭水水發縣北牛蘭山東南逕魯陽城東
水側有漢陽侯焦立碑牛蘭水又東南與柏樹溪
水合水出魯山北硤谷中東南流逕魯山西而南

合牛蘭水又東南逕魯山南闞駰曰魯陽縣今其
地魯山是也南水注于滍滍水東逕應城南故應
鄉也應侯之國詩所謂應侯順德者也彭水注之
俗謂之小滍水水出魯陽縣南彭山蟻塢東麓之
流逕彭山西下有彭山廟廟前有彭山碑漢桓帝
元嘉三年杜仲長立彭水逕其西北漢安邑長尹
儉墓東冢西有石廟廟前有兩石闕闕東有碑闕
南有二師子相對南有石碣二枚石柱西南有兩
石羊中平四年立彭水又東北流直應城南而入
滍滍水又左合橋水水出魯陽縣北恃東東南逕
應山北又南逕應城西地理志曰故文城縣之應

鄉也周武王封帝弟為侯國應劭曰韓詩外傳稱
周成王與弟戲以桐葉為圭曰吾以封汝周公曰
天子無戲言王乃應時而對故曰應侯鄉亦曰應
鄉按呂氏春秋云成王以桐葉為圭以封叔虞非
應侯也汲郡古文殷時已有應國非成王矣戰國
范雎所封邑也謂之應水湍水又東逕犨縣故城
北左傳昭公元年冬楚公子圍使伯州犁城犨是
也出于魚齒山下春秋襄公十八年楚伐鄭次于
魚陵涉於魚齒之下甚雨楚師多凍徒役幾盡晋
人聞有楚師師曠曰不害吾驟歌北風又歌南風
南風不競多死聲楚必無功矣所涉即湍水也水

南有漢中常侍長樂大僕吉侯苞冢冢前有碑基
西枕罡城開四門門有兩石獸墳傾墓毀碑獸淪
移人有掘出一獸猶全不破甚高壯頭去地減一
丈許作制甚工左膊上刻作辟邪字門表壍上起
石橋即時不毀其碑云六帝四后是諮是諏蓋仕
自安帝沒于桓后于時閽閹擅權五侯暴世割剝
公私以事生死夫封者表有德碑者頌有功自非
此徒何用許為石至千春不若速打苞墓萬古祇
彰誚辱嗚呼愚亦甚矣洧水又東犨水注之俗謂
之秋水非也水有二源東源出其縣西南踐擯山
東崖下水方五十許步不測其深東北流其逕犨

縣南又東北屈逕其縣東而北合西流水西源出縣西南頰山北阜下東北逕犨城西又屈逕其縣北東合二水亂流北注于滍漢高祖入關破南陽太守呂齮於犨東即於是地滍水之陰也滍水又東南逕昆陽縣故城北昔漢光武與王尋王邑戰于昆陽敗之走者相騰踐奔殪百餘里會大雨如注滍川盛溢虎豹皆股戰士卒爭赴溺死者以萬數水為不流王邑嚴尤陳茂輕騎皆乘尸而渡矣

東北過潁川定陵縣西北又東過堰縣南東入于汝

滍水東逕西不羹亭南亭北背汝水於定陵城北東入汝堰縣在南不得過

淯水出弘農盧氏縣攻離山東南過南陽西鄂縣西
北水東過宛縣南
淯水導源東流逕酈縣故城北郭仲産曰酈縣故城南在攻離山東酈舊縣也三倉曰樊鄧酈酈有二城北酈也漢祖入關下淅酈即此縣也淯水又東南流雉縣之雉衡山東逕百章郭北又東魯陽關水注之水出魯陽縣南分水嶺南水自嶺南流北水從嶺北注故世俗謂此嶺為分頭也其水南流逕魯陽關左右連山插漢秀木千雲是以張景陽詩云朝登魯陽關峽路峭且深亦司馬之與毋過賊處也關水歷雉衡山西南逕皇后城西建武

元年世祖遣侍中傳俊持節迎光烈皇后於淯陽俊發兵三百餘人宿衛皇后道路歸京師蓋稅舍所在故城得其名矣山有石室甚飾潔相傳名皇后浴室又所幸也關水又西南逕雉縣故城南昔秦文公之世有陽伯者逢二童曰舀曰彼兩童二雉也得雌者霸雄者王二童翩飛化為雙雉光武獲雉於此山以為中興之祥故置縣以名焉關水又屈而東南流注于淯淯水又東南流逕博望縣西北故城東郭仲産曰郡東北一百二里漢武帝置校尉張騫隨大将軍衛青西征為軍前導相望水草得以不乏元光六年封騫為侯國地理志曰南

陽有望縣王莽改之曰宜樂也清水又東南逕西
鄂故城東應劭曰江下有鄂故加西也昔劉表之
攻杜子緒於西鄂也功曹伯孝長聞戰鼓之音懼
而閉戶蒙被自覆漸登城而觀言勇可習也清水
又南洱水注之水出弘農郡盧氏縣之熊耳山東
南逕酈縣北東南逕方陽城北漢哀帝四年封南
陽太守孫寵為侯國俗謂之房陽川又逕西鄂縣
南水北有張平子墓墓之東側墳有平子碑文字
悉是古文篆額是崔瑗之辭盛弘之郭仲產並云
夏侯孝若為郡薄其文復刋碑陰為銘贊碑陰二
名乃是崔子玉及陳翕耳而非孝若悉是隸字二

首並存嘗無毀壞又言墓次有二碑今唯見一碑
或是余夏景驛途渡而墓究矣水南道側有二石
樓相云六七丈雙跱齊竦高可丈七八柱圓圍二
丈有餘石質青緑光可以鑒上鏨櫨承拱雕簷四
柱窮巧綺刻妙絶人工題言蜀郡太守姓三字子
雅南陽西鄂人有三女無男而家累千金父沒當
葬女自相謂曰先君生我姊妹無男兄弟今當安
神玄宅翳寞后土冥冥絶後何以彰吾君之德各
出錢五百萬一女築墓二女建樓以表孝思銘云
墓樓東平林不近墳墓而不能測其處所矣洱水
又東南流注于淯水世謂之肄洱穀相近非也地

理志曰熊耳之山出三水洱水其一焉東南至魯
陽入沔是也淯水又南逕頂山東山上有神廟俗
名之為獨山也山南有魏車騎將軍黄權夫妻二
冢地道潛通其冢前有四碑其二魏明帝立二是
其子及臣吏所樹者也淯水又西南逕史定伯碑
南又西為瓜里津水上有三梁謂之瓜里渡自宛
道途東出赭陽而道方城建武三年世祖自赭陽
西入破虜將軍劉奉怨漢掠新野拒瓜里上親搏
戰降之夕陽下遂斬秦郡國志所謂宛有瓜里野
津夕陽聚者也阻橋即栢温故壘處温以昇平五
年與范洼衆軍北討所營淯水又西南逕晋蜀郡

太守鄧義山墓南又南逕宛城東其地故申伯之郡楚文王滅申以為縣也秦昭襄王使白起為將伐楚取郢即以此地為南陽郡改縣曰宛王莽更名郡曰前隊縣曰南陽劉善曰在中國之南而居陽地故以為名大城西南隅郡古宛城也荊州刺史治故亦謂之荊州城今南陽郡治大城其東城城内有舊殿基周二百步高八尺陛階皆砌以青石大城西北隅有基周一百步高五丈蓋更始所起也地西三里有古臺高三丈餘文帝黄初中南巡行所築也淯水又屈而逕其縣南故南都賦所言淯水蕩其胷者也王莽地皇二年朱鮪等共於

城南會諸將設壇燔燎立聖公為天子於斯水上
世語曰張繡反公於戰敗子昂不能騎進馬於公
而昂遇害魏書曰公征至宛臨淯水祠士將亡歔
欷流涕衆皆哀慟淯水又南梅溪水注之水出縣
北紫山南逕百里奚故宅奚宛人也於秦為賢大
夫所謂迷虞智秦者也紫溪又逕宛西呂城東史
記曰呂尚先祖為四嶽佐禹治水有功虞夏之際
受封於呂故因氏為呂尚也徐廣史記音義曰呂
在宛縣高后四年封昆弟子呂忿為呂城侯疑即
此也又按新蔡縣有大呂小呂亭而未知所是也
梅溪又南逕杜衍縣東故城在西漢高祖帝七年

封即中王翳為侯國王莽更之曰閏衍矣土地墊下湍溪是注古人於安衆堨之令遊水是瀦謂之安衆港世祖建武三年上自宛遣潁陽侯祭遵西擊鄧奉弟衆破之於社衍進兵涅陽者也梅溪又南謂之石橋水又謂之汝溪之流而左注淯水淯水之南又有南就聚郡國志所謂南陽宛縣有南就聚者也郭仲産言宛城南三十里有一城甚卑小相承名三公城漢時鄧禹等歸鄉餞離處也盛弘之著荆州記以為三公置余按淯水左右舊有二澨所謂南澨北澨者水側之濆聚在淯陽之東北考古推地則近矣城側有范蠡祠蠡宛人祠即

故宅也後漢末有范曾字子閔為大將軍司馬討黃巾賊至此祠為蠡立碑文勒可尋夏侯湛之為南陽又為立廟焉城東有大將軍何進故宅城西有孔嵩舊居嵩字仲山宛人與山陽范式有斷金契貧無養親賃為阿街卒遣迎式式下車把臂曰子懷道卒伍不亦痛乎嵩曰侯嬴賤役晨門卑下之位古人所不耻何痛之有故其讚曰仲山通達卷舒無方屈身厮役挺秀含芳

又屈南過淯陽縣東

淯水又南入縣逕小長安司馬彪郡國志曰縣有小長安聚謝沈漢書稱光武攻淯陽不下引兵欲

攻宛至小長安與甄阜戰敗於此淯水又西南逕
其縣故城南桓帝延熹七年封鄧康為侯國縣故
南陽典農治後以為淯陽郡省郡復縣避晉簡文
諱更名云陽焉淯水又逕安樂郡北漢桓帝建和
六年封司徒胡廣為淯陽縣安樂鄉侯今於其國
立樂宅戍郭仲產襄陽記曰南陽城南九十里有
晉尚書令樂廣故宅廣字彥輔也善清言見重當
時成都王廣女婿長沙王猜之廣曰寧以一女而
易五男猶疑之終以憂殞其故居今置戍因以為名

又南過新野縣西

淯水又南入新野縣枝津分派東南出苞隰衍注

右積爲陂東西九里南北一十五里陂水所溉咸
爲良沃淯水又南與湍水會又南逕新野縣故城
西世祖之敗小長安也姊元遇害上即位感悼姊
没追謚元爲新野節義長公主即此邑也晉咸寧
二年封大司馬扶風武王少子歆爲新野郡分割
南陽伍屬陽蔡陽穰鄧山都封爲王文舒更立中
隔西即郡治東則民居城西傍淯水又東與朝水
合水出西北赤石山而東南逕冠軍縣界地名沙
渠又東南逕穰縣故城南楚别邑也秦拔鄢郢即
以爲縣秦昭王封相魏冉爲侯邑王莽更名曰豐
穰也魏荆州刺史治朝水又東南分爲二水一水

枝分東北為樊氏陂陂東西十里南北五里俗謂
之凡亭陂陂東有樊氏故宅樊氏既滅庾氏取其
陂故喭曰陂汪汪下田良樊子失業庾公昌昔在
晋世社預繼信臣之業復六門之遏六門之水下
結二十九陂諸陂散流咸入朝水事見六門碑六
門既陂諸陂遂斷朝水又東逕朝陽縣故城北而
東南注于湍水又東南與棘水合水上承赭水赭
水出棘陽縣北數源並發南流逕小赭鄉謂之小
赭水世祖建武二年成安侯臧宮從擊上赭也東
源方七八步騰湧若沸故世名之騰沸水南流逕
于赭鄉謂之赭水建武二年祭遵引兵南擊董訢

於赭鄉以氷氏縣故有赭陽之名也地理志曰縣
有赭水王莽曰陽城也漢衰帝改為順陽建武二
年更封安陽侯朱祐為赭陽侯赭水縣堨以為陂
東西夾岡水相去五六里古今斷岡兩舌都水瀆
漲南北一十餘里水決南潰下注為灣灣分為二
西為赭水東為榮源赭水參差流結兩湖故有東
陂西陂之名二陂所導俱水枝分東南至會口入
泚是以地理志云泚水赭水皆言入蔡牙受通稱
故也二湖流注合為黄水謂所受爲逕棘陽縣之
黄淳聚又謂之為黄淳水者也故謝沈漢書甄阜
等敗光武于小長安東乗勝南渡黄淳水前營皆

此後一葉錯簡在卅三卷中

阻兩川謂臨泚水絕後橋示無還心漢兵擊之二軍潰溺死黄淳水者二萬人又南逕棘陽縣故城西應劭曰縣在棘之陽是知斯水為棘水也漢高帝七年封莊得臣為侯國後漢兵超擊唐子鄉殺湖陽尉進拔棘陽鄧晨將賓客會光武于此縣也棘水又南逕新野縣歷黄郵聚世祖建武三年傳俊岑彭進擊秦豐先拔黄郵者也謂之黄郵水大司馬吳漢破秦豐於斯水之上其聚落悉為蠻居猶名之為黄郵蠻棘水自新野縣東而南流入于淯水謂之為力口也棘力聲相近當為棘口也又是方俗之音故字從讀變若世以棘子朮為力子

之大𣸣水東北流枝瀆右出世謂之死汝也別汝
又東北逕召陵城北練溝出焉別汝又東汾溝出
焉別汝又東逕征羌城北水南有汾陂俗音糞汾
水自別汝東注而爲此陂水積征羌城北四五里
方三十里許瀆左合小𣸣水水上承狼陂南流名
曰犨水清陵陂水自陂東注之東迴又謂之小𣸣
水而南流注于大𣸣水大𣸣水取稱蓋籍𣸣汾注
而揔受巨目矣又東逕西華縣故城南又東逕汝
陽縣故城北東注于潁
瀙水出汝南吳房縣西北興山東過其縣北入于汝
縣西北有堂溪城故房子國春秋定公五年吳王

闔閭弟夫概奔楚封之於堂溪故曰吳房也漢高
帝八年封莊侯楊武為侯國建武中世祖封泗水
王歙子軍為堂溪侯山溪有白羊淵淵水舊出山
羊漢武元封二年白羊出北淵畜牧者禱祀之俗
禁拍手嘗有羊出水野毋驚抃自此絕焉淵水下
合瀷水瀷水東逕瀷陽縣故城西東流入瀙水亂
流逕其縣南世祖建武元年封吳漢孫且為侯國
其水又東入于汝水
瀙水出潕陰縣東上界山
山海經謂之瀙水也郭景純言或曰視宜為瀙出
葴山水慎云出中陽山皆山之殊目也而東與此

水合水出潕陰縣草山東北流注瀙瀙水又東北殺水出西南大熟之山東北流入于瀙瀙水又東淪水注之水出宣山南東流注瀙水瀙水又東得奥水口水西出奥山東入于瀙水也

東過吳房縣南又東過瀙陽縣南

應劭曰瀙水出吳房縣東入瀙縣之西北卽兩川之交會也

又東過上蔡縣南東入汝

潕水出潕陰縣西北扶予山東過其縣南

山海經曰朝歌之山潕水出焉東流于滎經書扶予者其山之異名乎滎水上承赭水東流左與西

潦水合又東東潦水注之俱導北山而南流注于
滎滎水又東北於潕陰縣北左會潕水之道稍西
不出其縣南其故城在山之陽漢光武建武中封
岑彭爲侯國漢以爲陽山縣魏武與張繡戰于宛
馬名絕景爲流矢所中公傷右臂引還潕陰即是
地也城之東有馬仁陂郭仲産曰陂在泚陽縣五
十里蓋地北頃之所固溉田萬頃隨年變種境無
儉歲陂水三月其隍故瀆白隍西南而會於泚潕
水不得復逕其南也且邑號潕陰故無出南之理
出南則爲陽也非直不究又不思矣潕水又東北
河水注之水出雉衡東山南逕建城東建當爲卷

字讀吳耳郡國志云葉縣有卷城其水又東流入于潕潕水東北逕于東山西西流入潕潕水之左即黄城山也水出黄城山東北逕方城郡國志曰葉縣有方城郭仲產曰苦菜于東之間有小城名方城東臨溪水尋此城致號之由當因山以表名地苦菜即黄城也及于東通為方城矣世謂之方城山水東流注潕水故地理志曰南陽葉方城邑西有黄城山是長沮桀溺耦耕之所有東流水則子路問津處尸子曰楚狂接輿耕於方城蓋於此也盛弘之云葉東界有故城始犨縣東至溵水達泚陽界南北聯聯數百里號為方城一謂之長城

云酈縣有故城一面未詳里數號爲長城即此城之西隅其間相去六里百南北雖無基築皆連山相接而漢水流其南故屈完荅齊桓公云楚國方城以爲城漢水以爲池郡國志曰葉縣有長城曰方城指此城也潕水又東北歷舞陽縣故城南漢高祖元年封樊噲爲國國也

又東過西平縣北

縣故柏國也春秋左傳所謂江黄道柏方穆於齊也漢曰西平其西吕墟即西陵亭也西陵平夷故曰西平漢宣帝甘露二年封丞相于定國爲侯國王莽更之曰新亭晋太康地理志曰縣有龍泉水

可以砥礪刀劍特堅利故有堅白之論矣是以龍泉之劍為楚寶也縣出名金古有鐵官

又東過郾縣南

郾縣故城在此遠矣不得過

又東過定潁縣北東入于汝

漢安帝永初二年分汝南郡之上蔡縣置定潁縣延光中以陽翟郭鎮之為尚書令封定潁侯即此邑也

溳水出蔡陽縣

溳水出縣東南大洪山山在隋郡之西南竟陵之東北槃基所跨廣圓一百餘里峯曰懸鈎處平懸

衆阜之中爲諸嶺之秀山下有石門夾鄣層峻巖
高皆數百許仞入石門又得鍾乳穴穴上素崖壁
立非人跡所及穴中多鍾乳凝膏下垂望齊水雪
微津細液滴瀝不斷幽穴潛遠行者不極窮深而
穴内常有風勢火無能以經久故也溳水出于其
陰初流淺狹遠乃寬廣可以浮舟栰巨川矣時人
以溳水所導故亦謂之爲溳山矣溳水東北流合
石水石水出大洪山東北流注于溳謂之小溳水
而亂流東北逕上唐縣故城南本蔡陽之上唐鄉
舊唐侯國春秋定公三年唐成公如楚有兩肅霜
馬子常欲之不與止之三年唐人竊馬而獻之子

常歸唐侯是也溳水又東均水注之水出洪山東北流逕土山北山上土山又東北流入于溳水溳水又屈而東南流

東南逕隋縣西

縣故隋國矣春秋左傳所謂漢東之國隋爲大者也楚滅之以爲縣晋武太康中立爲郡有溠水出縣西北黃山南逕㵐西縣西又東南㵐水入爲㵐水出桐柏山之陽呂忱曰水在義陽㵐水東南逕㵐西縣西又東南流子溠溠水又東南逕隋縣故城西春秋魯莊公四年楚武王伐隋令闢祁莫敖屈重除道梁溠軍臨于隋謂此水也水側有斷蛇

丘隨侯出而見大蛇中斷因舉而藥之故謂之斷蛇丘後蛇銜明珠報德世謂之隨侯珠亦曰靈虵珠丘南有隨季良大夫池其水又南與義井水合水出隨城東南井泉嘗湧溢而津注冬夏不異相承謂之義井下流合溠溠水又南流注于溳溳水又會于支水水源亦出大洪山而東流注于溳溳水又逕隨縣南隨城山北而東南注

又南過江夏安陸縣西

溳東出隨郡永陽縣東石龍山西北流南迴逕永陽縣西歷橫尾山即禹貢之陪尾山也溳水又西南至安陸縣故城西故鄖城也因岡為墉峻不假

築湞水又南逕石巖山北昔張昌作亂於其下籠
綵鳳以惑衆晋太安二年鎮南将軍劉弘遣牙門
皮初與張昌戰於清水昌敗追斬於江矣即春秋
左傳定公四年吳敗楚于柏舉從之及于清發蓋
湞水又東南流而右會富水出竟陵郡新市縣東
北大陽山水有二源也大富水出山之陽南流而
左合小富水水出山之東而南逕三王城東前漢
末王匡王鳳王常所屯故謂之三王城城中有故
碑文字闕落不可復識其水屈而西南流右合大
富水俗謂之大沙水也又西南流逕杜城西新市
縣治也郡國志以為南新市也中山有新市故此

加南分安陸立縣又玉匣中興初舉兵於縣號曰
新市兵也富富水又東南流于安陸界左合上山
水世謂之章水水出土山南逕隨郡平林縣故城
西俗謂之將陂城與新市接界故中興之始兵有
新市平林之號又南流右入富水富水又東入于
溳溳水又逕新城南永和五年晋大司馬桓温築
溳水又會温水温水出竟陵之新陽縣東澤中口
徑二丈五尺垠岸重沙端淨可愛靖以察之則淵
泉如鏡聞人聲則揚湯奮發無所復見矣其熱可
以燖雞洪劉百餘步冷若寒泉東南流注于溳水
又右得潼水水出江夏郡之曲陵縣西北潼山東

南流逕其縣南縣治石潼故城城圓而不方東入
安陸注于涓水
又東南入于夏
溳水又南分爲二水東通灄水西入于沔謂之溳
口也

水經卷第三十一

水經卷第三十二

桑欽撰　酈道元注

漻水　蘄水　決水　沘水
泄水　肥水　施水　沮水
漳水　夏水　羌水　涪水
潼水　涔水

漻水出江夏平春縣西

漻水北出大義山南至厲鄉西賜水入爲水源東出大紫山分爲二水一水西逕厲鄉南水南有重山即烈山也山下有一穴父老相傳云是神農所生處也故禮謂之烈山氏水北有九井子書所爲

神農既誕九井自穿謂斯水也又言汲一井則衆水動井今堙塞遺下髣髴存焉亦云鄉故賴國也有神農社賜水西南流入于溳即厲水也賜厲聲相近宜為厲水矣一水出義鄉西南入隨又注溳溳水又南逕隨縣注安陸也

南過安陸入于溳

蘄水出江夏蘄春縣北山

山即蘄柳也水首受希水枝津西南流歷蘄山出蠻中故以此蠻為五水蠻五水謂巴水希水赤亭水西歸水蠻左馮居岨藉山川世為抄暴宋世沈慶之於西陽上下誅伐蠻夷即五水蠻也

南過其縣西

晉改為蘄陽縣縣徙江州置大陽戍後齊安郡移
治於此也

又南至蘄口南入于江

蘄水南對蘄陽州入于大江謂蘄口洲上有蘄陽縣徙

决水出廬江雩婁縣南大別山

俗水之為檀山峴蓋大別之異名也其水歷山委
注而絡其縣矣

北過其縣東

縣故吳也春秋左傳襄公二十年楚子秦人侵吳
及雩婁聞吳有備而還是也晉書地道記云在安

豐縣之西南即其界也故地理志曰决水出雩
又北過安豐縣東
决水自雩婁縣北逕雞備亭春秋昭公二十三年
吴敗諸侯之師于雞父者也安豐縣故城今邊城
郡治也王莽之美風也世祖建武八年封大将軍
凉州牧竇融為侯國晋立安豐郡决水自縣西北
流逕蓼縣故城東又逕其北漢高帝六年封為孔
侯國也世謂之决水也水又西北灌水注之其水
導源廬江金蘭縣西北東陵鄉太蘇山郎注水也
許慎曰出雩婁縣俗謂之澮水也楮先生所謂神
龜出于江灌之間嘉休之中二謂此水也灌水東

北逕蓼縣故城西而北注決水也故地理志曰決水北至蓼入灌灌水於蓼亦入決春秋宣公八年冬楚公子燮滅蓼六臧文仲聞之曰臯陶庭堅不祀忽諸德之不建民之無援哀哉決水又北右會陽泉水水受決水東北流逕陽泉縣故城東故陽泉鄉也漢靈帝中封太尉黄琬為侯國又西北流左入決水謂之陽泉口也

又北入于淮

俗謂之決口非也斯決灌之口矣余往因公至于淮津舟車所届次于決水訪其民宰與古名全違脉水尋經方知決水蓋灌澮殽相倫習俗害眞耳

泚水出廬江潛縣西南霍山東北
灊者山水名也開山圖灊山辜統太山為霍山郭
景純曰灊水出為縣即其稱矣春秋昭公二十七
年吳因楚喪圍灊是也地理志曰泚水出泚山不
言霍山泚字或作淠水又東北逕博安縣泄水出

東北過六縣東

淠水東北右會蹹鼓川水水出東南蹹川西北流
左注淠水淠水又西北逕馬亭城西又西北逕六
安縣故城西縣故咎陶國也夏禹封其少子奉其
祀今縣都陂中有大冢民傳曰公琴者即皐陶冢
也楚人謂冢為琴矣漢高帝元年別為衡山國五

年屬淮南文帝十六年復為衡山國武帝元狩二年別為六安國王莽之安風也漢書所謂以舒屠六晋太康三年廬江郡治淠水又西北分為二水出焉又北逕五門亭西西北流逕安豐縣故城西晋書地道記安豐郡之屬縣也俗名之曰安城矣又北會濡水亂流西北注之

北入于淮

水之決會謂之沘口也

泄水出博安縣

博安縣地理志之博鄉縣也王莽以為揚陸矣泄水自縣上承北水於麻步川西北歷山濡溪謂之

濡水也

北過芍陂西與沘水合

泄水自濡溪水安風縣北流注于淠一謂之其濡口

西北入于淮

亂流同國也

肥水出九江成德縣廣陽鄉西

呂忱字林曰肥水出良餘山俗謂之連枷山亦或以為獨山也北流分為二水施水出焉肥水又北逕獲城東又北逕荻江東右會施水枝津首受施水於合肥縣城東西流逕成德縣注于肥水也

肥水別北過其縣西北入芍陂

肥水自荻丘北逕成德縣故城西王莽更之曰平
阿也又北逕芍陂東又北逕死馬塘東芍陂瀆上
井門與芍陂更相通注故經言入芍陂矣肥水
北又合閣澗水上承施水於合肥縣北流逕復
道縣西水積爲陽湖陽湖水自塘西北逕死雩亭
南夾橫塘西注宋太始初豫州司馬劉順帥衆八
千據其城地以拒劉勔杜叔寶以精兵五千送粮
死雩劉勔破之此塘水分爲澗二洛澗出爲閣漿
水注之水受芍陂陂水上承謂水於五門亭南別
爲斷褉水又東北流逕五門亭東亭爲水水之會
也斷褉水又東北逕褉迹亭東又北謂之豪水唯

廣異名事實一水又東北逕白芍亭東積而為湖
謂之芍陂陂周一百二十許里在壽春縣南八十
里言楚相孫叔敖所造魏太尉王陵與吳將張休
文戰於芍陂即此處也陂有五門吐納川流西北
為香門陂水北逕孫叔敖祠下謂之芍陂瀆又北
分為一水一水東注黎漿漿水東逕黎漿亭南文
欽之叛吳軍北入諸葛緒拒之於黎漿即此水也
東注肥水謂之黎漿水口

又北過壽春縣東

肥水自黎漿北逕壽春縣故城東為長瀨津津側
有謝堂北亭迎送所薄水陸舟是焉萃止又西北

左合東溪溪水引瀆北山西南流逕導公寺西寺
側因溪建利五層屋宇閑敞崇虛攜覽也又西南
流注于肥肥水又西逕東臺下臺即壽春外郭東
北隅阿之榭也東側有一湖三春九夏紅荷覆水
引瀆城隍水積成潭謂之東臺湖亦肥南播也肥
水西逕壽春縣城北右合北溪水導北山泉源下
注漱石頹隍水上長林插天高柯負日出於山林
精舍右山淵寺左道俗嬉遊多萃其下內外引汲
泉同七淨溪水沿注西南逕陸道士解南精廬臨
側川溪大不為廣小足閑居亦勝境也溪水流注
于肥水

北入于淮
肥水又西分為二水右即肥之故瀆遏為船官湖
以置舟艦也肥水左瀆又西石橋門北亦曰草市
門外有石梁渡此洲洲上有西昌寺寺三面阻水
佛堂設三像真容妙相相服精煒是蕭武帝所立
也寺西即船官坊倉光都水是營是作湖北對八
公山山無樹木唯重阜耳山上有淮南王劉安廟
劉安是謹高帝之孫厲王長子也折節下士篤好
儒學養方術之徒數十人皆為俊異焉多神仙祕
法鴻寶之道忽有八公皆鬚眉皓素詣門希見門
者曰吾王好長生今先生無住衰之術未敢相聞

八公咸變成童王甚敬之八士並能鍊金化丹八
無間乃與安登山理金於地日日升天餘藥在器
雞犬舐之者俱得上昇其所昇之處践石皆陥人
馬跡存焉故山即以八公為目余登其上人馬之
跡無聞矣唯廟像存焉廟中啚安及八士像皆坐
床帳如平生被服纖麗咸羽扇裙帔巾壷枕物一
如常居廟前有碑齊永明十年所建也山有隱室
石井即崔琰所謂余下壽春登北嶺淮南之道室
八公石井在焉亦云左吳與王春傳生等尋安同
詣玄洲還為著記號曰八公記都不列其雞犬昇
空之事矣按漢書安反伏誅葛洪明其得道事備

抱朴子及禊仙專肥又左納芍陂瀆瀆水自梨漿分水引瀆壽春北逕芍陂門右北入城昔鉅鹿時苗為縣長是其留犢處也瀆東有東都街街之左道北有宋司空劉勔廟宋元徽二年建于東鄉孝義里廟前有碑時年碑功方創齊永明元年方立沈約宋書言太始元年豫州刺史殷琰及明帝假勔輔國將軍討之琰降不犯秋毫百姓來蘇生為立碑史過其實建元四年故吏顏幼明為其廟銘故左寵媞為紗讚夏侯敬友為廟頌並附刊于碑側瀆水又北逕相過城東劉武帝伐長安所築也堂宇廳館仍故以相國為名又北出城注肥水又

西逕金城北又西左合羊頭溪水水受芍陂西北歷羊頭溪謂之羊頭澗水北逕熨湖左會烽水瀆瀆受淮於烽村南下注羊頭溪侗逕壽春城西又北歷象門自沙門北出金城西門逍遥樓下北注肥瀆肥水北注舊瀆之横塘為玄康南路馳道左通船官坊也肥水逕玄康城西北流水北出際有曲水堂亦嬉遊所集也又西北流昔在晋世謝玄北禦符堅祈八公山及置陣於肥水之濱堅望山上草木咸為人狀此即故戰敗處非八公之靈有助蓋符氏將亡之慼也肥水又西北注于淮是曰肥口也

施水亦從廣陽鄉東南入于湖

施水受肥於廣陽鄉東南流逕合肥縣應劭曰夏水出城父東南至此與肥合故曰合肥闞駰亦言出沛國城父東至此合為肥余案川亡派别無沿注之理方知應闞二説非實證也蓋夏水暴長施合於肥故曰合肥也非謂夏水自城父東逕合肥縣城南居四水中東又有逍遥津水上舊有梁孫權之攻合肥也張遼敗之於津北橋不撤者兩板權與甘寧蹴馬趨津谷利自後着鞭助勢遂得渡梁淩統被鎧落水後到追亡流涕津渚施水又東分為二水枝水北出焉下注陽淵施水又東逕東

口戍東注巢湖謂之施口也
沮水出漢中房陵縣淮水東南過臨沮縣界
沮水出東汶陽郡沮陽縣西北景山即荆山首也
高峯霞舉峻竦層雲山海經云金玉是出亦沮水
之所導故淮南子曰沮出荆山高誘云荆山在左
馮翊懷德縣蓋以洛水有漆沮之名故也斯謬證
耳社預云水出新城郡之西南發阿山蓋山異名
也沮水東南流逕沮陽縣東南縣有潼水東逕其
縣南下入沮水水又東南逕汶陽郡北即高安縣
界郡治錫城縣居郡下城故新城之下邑義熙初
分新城立西表悉重山也沮水南逕臨沮縣西青

溪水注之水出縣西青山山之東有濫泉即青溪之源也口徑數丈其深不測其泉甚靈潔至於炎陽有亢陰雨時以穢物投之輒能暴雨其水導源東流以源出青山故以青溪為名尋源浮溪奇為深峭盛弘之云稠水傍生凌空交合危樓傾岳恒有落勢風泉傳響於青林之下巖猨流聲於白雲之上遊者常若自不周覩情不給賞是以林徒棲託雲客宅心泉側多結道士精廬焉青溪又東流入于沮水沮水又屈逕其縣南晉咸和中為沮陽郡治也沮水又東南逕當陽縣北縣城因岡為阻北杭沮川其故城在東一百四十里謂之東城在

緑林長板南長阪即張益德横矛處也沮水又東南逕驢城西磨城東又南逕麥城西昔関雲長詐降處自此遂叛傳云子胥造驢磨二城以攻麥邑沮水又南逕楚昭王墓東對麥城故王仲宣之賦登樓云西接昭丘是也沮水又南與漳水合焉

又東南過枝江縣東南入于江

沮水又東南逕長城東又東南流注于江謂之沮口也

漳水出臨沮縣東荊山東南過蓼亭又東過章鄉南

荊山在景山東一百餘里新城沛鄉縣界雖群峯競舉而荊山獨秀漳水東南流又屈西南逕編

縣南縣舊東北一百四十里高陽城西南移治許茂故城城南臨漳水又南歷臨沮縣之彰鄉南昔關羽保麥城許降而遁潘璋斬之於此漳水又南逕當陽縣又南逕于麥城東王仲宣登其東南隅臨漳水而賦之曰夾清漳之通浦倚曲沮之長洲是也漳水又南滗水注之山海經曰滗水出東北宜諸之山而流注于彰水

又南至枝江縣北烏扶邑入于沮

地理志曰禹貢東條荊山在臨沮縣之東北漳水所出東至江陵入楊水注于沔非也今漳水於當陽縣之東南一百里餘而右會沮水也

江津豫章口東有中夏口是夏水之首江之汜也
屈原所謂過夏首而西浮顧龍門而不見也龍門
即郢城之東門也

又東過華容縣南

縣故容城矣春秋魯定公四年許遷于容城是也
北臨中夏水自縣東北逕城都郡故城南晋永嘉
中西蜀阻亂割華容諸城為潁王都夏水又逕交
阯太守胡寵墓北漢太傅廣身陪陵而此墓側有
廣碑故世謂廣冢非也其文言是蔡伯喈之辭歷
范西戎墓南王隱晋書地道記曰陶朱冢在華容

縣樹碑云是越之范蠡晉太原地記盛弘之荆州記劉澄之記並言在縣之西南郭仲産言在縣東十里檢其碑題云故西戎令范君之墓碑文缺落不詳其人稱蠡是其先也碑是永嘉二年立觀其所述最爲究悉似親逕其地故違衆説從而正之水又東逕監利縣南晉武帝太康五年立縣土卑下澤多陂池西南自州陵東界逕于雲杜沌陽爲雲夢之藪矣韋昭曰雲夢在華容縣按春秋魯昭公三年鄭伯如楚子産備田具以田江南之夢郭景純言華容縣東南巳丘湖是也杜預云枝江縣安陸縣有雲夢蓋跨川亘隰兼苞勢廣矣夏水

又東夏楊水注之水上承楊水於競陵縣之柘口東南流與中夏水合謂之夏楊水又東北逕江夏惠懷縣北而東北注

又東至江夏雲杜縣入于沔

應劭十三州記曰江別入沔為夏水源夫夏之為名始於分江冬竭夏流故納厥稱既有中夏之目亦苞大夏之名矣當其決水之所土謂之賭口焉鄭玄注尚書滄浪之水言今謂之夏水來同故世變名焉劉澄之著永初山川記云夏水古文以為滄浪漁父所歌也因此言之水應由沔今按夏水是江流沔非沔入夏假使沔注夏其勢西南非尚

書又東之文余亦以為非也自睹口下汭水通兼夏目而會于江謂之夏汭也故春秋左傳稱吳伐楚沈尹射奔命夏汭也杜預曰漢水曲入江即夏口矣

羌水出羌中叅粮

彼俗謂之天池白水矣地理志曰出隴西羌道東南流逕宕昌城東西北去天池五百餘里水又東南逕宕昌婆川城東南北注羌水昔姜維之寇隴右也聞鍾會入漢中引還知雍州刺史諸葛緒屯橋頭從此谷将出北道緒邀之此路繼更從此道渡橋頭入劒閣緒追之不及羌水又東南陽部水

注之水發東北陽部溪西南逕安民戍又西南注羗水又東南逕武階城西南又東南葭蘆城西羊湯水入焉水出西北陰平北界湯溪東南逕北部城北又東南逕三部城南東南右妾水合傍西南出即水源所發也羗水又逕葭蘆城南逕餘城南又東南左會五會水水有二源出南北五部溪西南流合為一水屈而東南注羗水羗水又東南流至橋頭合白水東南去白水縣故城九十里

又東南至廣魏白水縣與漢水合又東南過巴都閬中縣又南至墊江縣東南入于江涪水出廣魏涪縣西北

涪水出廣漢屬國剛氐道徼外東南流逕涪水西王莽之統睦臧宫進破涪城斬公孫恢於涪自此水上縣有潺水出潺山水源有金銀礦洗取大合之以成金銀潺水歷潺亭而下注涪水涪水又東南逕綿竹縣北臧宫溯涪至平陽公孫述將王元降遂拔綿竹涪水又東南與建始水合水發平洛郡西溪西南流屈而東西流水于涪涪水又東南逕江由戍北鄧艾自陰平景谷歩道懸兵東馬入蜀逕江由廣漢者也涪水又東南逕南安郡南又南與金堂水會水出廣漢新都縣東南流入涪涪水又南枝出爲西逕廣漢五城縣爲五城水又西

至成都入于江
南至小廣魏與梓潼合
小廣魏即廣漢縣地王莽更名曰廣信也
梓潼水出其縣北界西南入于涪
故廣漢郡也公孫述改為梓潼郡劉備嘉霍峻守
葭萌之功又分廣漢以北別為梓潼郡以峻為守
縣有五女蜀王遣五丁迎之至此見大虵入山穴
五丁引之山崩壓五丁及五女因是山為五婦山
又曰五婦候馳水所出一田五婦水亦田潼水也
其水導源南逕梓潼縣王莽改曰子同矣自縣西
逕涪城東又南入于涪水謂之五婦水口也

又西南至小廣魏縣南入于墊江

亦言涪水至北入漢水昔岑彭與臧宮自江州從涪水上亦謂之為内水也逕墊江公孫述令延岑盛兵於沉水宮左步右騎夾船而進而動山谷大破岑軍斬首溺水者萬餘人水為濁流沉水出廣漢縣下入涪水也

涔水出漢中南縣東南旱山北至沔陽縣南入于沔

涔水即黃水也東 北流逕城固南城北城在山上或言朝信始立或言張良創築未知定所制矣義熙九年索邈為果州刺史自城固治此故謂之南城城周七里今澗帶谷絕壁百尋北谷口造城東

門傍山尋澗五里有餘棧道登陟方得城治城北
水舊有桁北渡涔水水北有趙軍城城北又有桁
渡沔取北城城即大成固縣治也黄水右岸有悦
歸館涔水歷其北北至沔陽左沔為三水口也

水經卷第三十二

水經卷第三十三

桑欽撰　酈道元注

江水

岷山在蜀郡氐道縣大江所出東南過其縣北

岷山即瀆山也水曰瀆水矣又謂之汶阜山在徼外江水所導也益州記曰大江泉源即今所閩始發羊膊嶺下緣崖散漫小大百數殆未濫觴矣東南下百餘里至白馬嶺而歷天彭闕亦謂之為矣谷也秦昭王以李冰為蜀守冰見氐道縣有天彭山兩山相對其形如闕謂之天彭門亦曰天彭闕江水自此已上至微弱所謂發源濫觴者也漢延

平中岷山崩壅江水三日不流楊雄及離騷云自
岷山投諸江流以弔屈原名曰反離騷也
江水自天彭闕東逕汶關而歷氐道縣也
漢武帝元封四年分蜀郡北部置汶山郡以統之
縣本秦始皇置後爲昇遷縣也益州記曰自白馬
嶺回行二千餘里至龍涸又八十里至西陵縣又
南下六十里至石鏡又六十餘里而至北部始百
許步又西百二十里至汶山故郡乃廣二百餘步
又西南百八十里至濕坂江稍大矣故其精則井
絡纏躔江漢炳靈河圖括地象曰岷山之精上爲
井絡帝以會昌神以建福故書曰岷山導江泉流

深遠盛為四瀆之首廣雅曰江貢也風俗通曰出
珍物可貢獻釋名曰江共也小水流入其中所公
共也東北百四十里曰崍山中江所出東注于大
江崍山卭崍山也在漢嘉嚴道縣一曰新道南山
有九折坂夏則凝冰冬則毒寒王子陽按轡處也
平恒言是中江所出矣郭景純江賦曰流二江於
峿崍又東百五十里曰峿山北江所出東注于大
江山海經曰峿山江水出焉東注大江其中多惟
虵江水又逕汶江道汶出徼外㟭山西玉輪坂下
而南行又東逕其縣而東注于大江故蘇代告楚
曰蜀地之甲浮船於汶乘夏水而下江五日而至

郢謂是水也
又有湔水入焉
水出綿道亦曰綿虒縣之玉壘山呂忱云一曰半
浣水也下注江
江水又東別為沱
開明之所鑿也郭景純所謂玉壘作東別之標者
也縣即汶山郡治劉備之所置也渡江有笮橋
江水又歷都安縣
縣有桃關漢武帝祠李冰作大堰於此堰於江作
堋堋有左右口謂之湔漰江入郫江撿江以行舟
益州記曰江至都安堰其石撿其左其正流遂東

郫江之右也因山頹水坐致竹木以漑諸郡又羊
摩江灌江西於王女房下作三石人於白沙郵郵
在堰官上立水中刻要江神水竭不至足盛不没
要是以蜀人旱則藉以為漑雨則不遏其流故記
曰水旱從人不知飢饉沃野千里世號陸海謂之
天府也俗謂之都安之堰亦曰湔堰又謂金堤左
思蜀都賦云西踰金堤者也諸葛亮北征以此堰
農大國之所資以征丁千二百人主護之有堰官
益州刺史皇甫晏至都安屯觀坂從事何旅曰今
所安營地名觀上夫在下其徵不祥不從果為牙
門張和所殺江水又逕臨邛縣王莽之監邛也縣

有火井鹽水昏夜之時光興上聚江水又逕江鄉縣王莽更名邛原也郫江水出焉江水又東北逕郫縣下縣民有姚精者為叛夷所殺掠其二女二女見夢其兄當以民日自沉江中喪後日當至可伺候之果如所夢得二女之尸於水郡縣表異為江水又東逕成都縣縣以漢武帝元鼎二年立縣有二江雙流郡下故楊子雲蜀都賦曰兩江珥其前者也風俗通曰秦昭王使李冰為蜀守開成都兩江溉田萬頃神歲取童女二人為婦冰以其女與神為婚經至神祠勸神酒酒杯恒澹澹冰厲聲以責之因忽不見良久有兩牛鬭於江岸傍有

間冰還流汗謂官屬曰吾鬬大極當相助也南向腰中正白者我綬也主簿刺殺北面者江神遂死蜀人慕其氣决凡壯健者因名冰兒也秦惠王二十七年遣張儀與司馬錯等滅蜀遂置蜀郡焉王莽改之曰導江也儀築成都以象咸陽晋太康中蜀郡為王国更為成都内史益州刺史治地理風俗記曰華陽黒水惟梁州漢武帝元朔二年改梁曰益州以新啓犍為牂牁越嶲州之壃壤益廣故稱益云初治廣漢之雒縣後乃徙此故李固與弟圄書曰固今年五十七鬢髮已白所謂容身而遊滿腹而去周觀天下獨未見益州耳昔嚴夫子常

言經有五涉其四州有九遊其八欲類此子矣初
張儀築城取土處去城十里因以養魚今萬頃池
是也城北又有龍堤池城東有千秋池西有柳池
西北有天井池津流經通冬夏不竭西南兩江有
七橋直西門郫江沖里橋西南右牛門曰市橋矣
漢入蜀自廣都令輕騎先往焚之橋不謂之石犀
淵李冰音作石犀五頭以厭水精穿石犀渠於南
江命之曰犀牛里後轉犀牛二頭在頭中一頭在
市橋一頭沈之於淵也大城南門曰江橋橋南曰
萬里橋西上曰夷橋亦曰笮橋南岸道東有文學
始文翁為蜀守立講堂作石室於南城求年後學

堂遇火後守更增二石室後州奪郡學移夷里道
西故錦官也言錦工織錦則濯之江流而錦至鮮
明濯以他江則錦色弱矣遂命之為錦里也蜀有
迴復水江神嘗流殺人文翁為守祠之勸酒不盡
拔劔擊之遂不為害江水東逕廣都縣漢武帝元
朔二年置王莽之就都亭也李冰識察水脉穿縣
鹽井江西有望穿鑿山渡水結諸陂池故盛養生
之饒即南江也又從沖里橋北折曰長升橋城北
十里曰升遷有送客觀司馬相如將入長安題其
門曰不乘高車駟馬不過汝下也後入邛蜀果如
志為學冰沿水造橋上應七宿故世祖謂吳漢曰

安軍宜在七相連星間漢自廣都乘勝進逼成都與其副劉尚南北相望夾江為營浮橋相對公孫述使謝豐楊軍市橋出漢後襲破漢墜馬落水緣馬尾得出入壁命將夜潛渡江就尚擊豐斬之於是水之陰江北則左對繁田文翁又穿湔洩以溉灌繁田一千七百頃江水又東絕綿洛逕五城界至廣都北岸南入于江謂之五城水口斯為北江水又東至南安為壁玉津故左思云東越玉津也

又東南過犍為武陽縣青衣水沫水從西南來合而注之

縣故大夜郎國漢武帝開道置以為縣太初四年

益州刺史任安城武陽建元六年置王莽更名西
順縣曰戢成光武謂之士大夫郡有鄣江入焉出
江源縣首受大江東南流至武陽縣注于江縣下
注上舊有大橋廣一里半謂之安漢橋水盛歲壞
民苦治功後太守李嚴鑿天社山尋江通道此橋
遂廢縣有赤水下注江建安二十九年有黃龍見此
水九日方去此縣藉江為大堰開六水門用灌郡
下北山昔者王喬所升之山也江水又與文井江
會李冰所導也自莋道與濛溪分水至蜀郡臨
邛縣與布僕水合水出徼外成都西沉黎郡漢武
元封四年以蜀都西部邛莋邛理旄牛道天漢四

年置都尉主外羌在邛來山表自蜀西渡邛筰其
至險有弄棟八渡之難揚母閣路之岨水從縣西
布僕來分為二流一水逕其道又東逕臨邛縣入
文井水文井水又東逕江都縣縣濱文井江江上
有常是堤跨四十里有朱亭亭南有青城山山上
有嘉穀山下有蹲鴟即芋也所謂下有蹲鴟至老
不飢卓氏之所以樂遠徙也文井江又東至武陽
縣天社山下入江其一水南逕越嶲邛都縣西東
南至雲南都之蜻蛉縣郡本雲山地也蜀建興三
年置僕水又南逕永昌郡邪龍縣而與貪水合水
蜻蛉縣上承蜻蛉水逕葉榆縣又東南至邪龍入

于僕僕水又逕寧州建寧縣州故庲降都督屯故
南入謂之屯下劉禪建興三年分益州郡置歷雙
柏縣即水入焉水出秦藏縣牛蘭山南流至雙柏
縣東注僕僕水又東至來唯縣入勞水水出徼外東
逕其縣與僕水合僕水東至交州交阯郡麊泠縣
南流入于海江自自武陽東至彭亡聚昔岑彭與
吳漢沂江水入蜀軍次是地知而惡之會日暮不
移遂為刺客所害亦謂之平謨水曰外水此地有
彭冢言彭祖冢焉江水又東南逕南安縣西有熊
耳峽連山競險接嶺爭高河平中山崩地震江
水逆流懸溉有灘名壘坻亦曰監溉李水所平地

縣治青衣江會衿帶二水矣即蜀王開明故治也來敏本蜀論曰荊人鼈令死其尸随水上荊人求之不得鼈令至汶山下邑復生起見望帝望帝者杜宇也從天下女子朱利自江源出為宇妻遂王於蜀號曰望帝望帝立以為相時巫山峽而蜀水不流帝使鼈令鑿巫峽通水蜀得陸處望帝自以德不若遂以國禪號曰開明縣南有峨眉山有濛水即大渡水也水發蒙漢東南流與涐水合水出徼外逕汶江道呂忱曰涐水出蜀許慎以為涐水也從水我聲南至南安入大渡水大渡水又東入江故山海經曰濛水出漢陽西入江灄陽四

又東南過僰道縣北若水淹水合從西來注之又東

注水北流注

縣本僰人居之地理風俗記曰夷中最仁有仁道故字施而秦紀謂僰童之富也者其邑高后六年城之漢武帝感相如之言使縣令南通僰道費功無成唐蒙南入斬之乃鑿石開閣以通南中迄于建寧二千餘里山道廣丈餘深三四丈其鏨之迹猶存王莽更曰僰治也山多猶猢似猴而短足好遊巖樹一騰百步或三百丈順往到返乘空若飛縣有蜀王兵蘭其神作大難江中崖峻阻險不可穿鑿李冰乃積薪燒之故其處懸巖猶有赤白

玄黄五色焉赤白翠水玄黄從焚來至此而止言
畏崖嶼不更上也益部耆舊傳曰張員妻黄氏女
也名帛貞乘船覆没求尸不得帛至没處灘頭仰
天而歎遂自沉淵積十四日帛持員手於灘下出
時人為説曰符有光洛焚道有張帛者也

江水又與符里水合

水出寧州南廣郡南廣縣縣故犍為之屬縣也漢
武帝太初元年置劉禪延熙中分以為郡導源汾
關山北水流有大步水注之出南廣縣北流注符
里水又北逕焚道入江謂之南廣口諸水則未聞也

又東過江陽縣南洛水從三危山東過廣魏洛陽

南東南注之
洛水出洛縣漳山亦言出梓潼縣栢山山海經曰
三危在燉煌南與峄山相接山南帶黒水又山海
經不言洛水所道經曰出三危山所未詳常據云
李冰道洛通山水流發㬥口逕什邡縣漢高帝六
年封雍南為侯國王莽更名曰美信縣也洛水又
南逕洛縣故城南廣漢郡治也漢高帝之為漢王
也發巴渝之士北定三秦六年乃分巴蜀置廣漢
郡於乘鄉王莽之就信縣曰吾雒也漢安帝永初
二年移治涪城後洛縣先是洛縣城南每陰雨常
有哭聲聞於府中積數十年沛國陳寵為守以亂

世多死亡暴骸不葬故也乃悉收葬之哭殸遂絕
劉備自泣攻之龐士元中流矢死於此益州舊以
蜀郡廣漢犍為三蜀土地沃美人士雋又為一州
稱望縣有沉鄉去江七里江士遊之所居詩至孝
母好飲江水嗜魚膾常以雞鳴遡流汲江子坐取
水溺死婦恐姑知稱詩遊學冬夏衣服實投江流
於是至孝上通洞泉泉出其舍側而有江之甘焉
詩有田濱江澤鹵泉流所溉盡為沃野又湧泉之
中旦旦常出鯉魚一雙以善焉可謂孝悌發於矜
寸微美著於無窮者也洛水又南逕新都縣蜀有
三都謂成都廣都此其一焉與綿水合水西出綿

竹縣又與湔水合亦謂之郫江也又言是涪水呂
忱曰湔然此二水俱與洛會矣又逕犍為牛鞞
水昔羅尚乘牛鞞水東征李雄謂此水也縣以漢
武帝元封二年置又東逕資中縣又逕安漢縣謂
之綿水也自上諸縣咸以溉灌故語曰綿洛為沒
沃也綿水至江陽縣方山下入江謂之綿水口曰
中水江陽縣枕帶雙流據江洛會也漢景帝六年
封趙相蘇喜為國侯江中有大門小門焉季秋之
月則黃魯魚死漚也昔世祖微時過江陽縣有一
子望氣者言江陽有貴兒象王亦求之而㨿煞之
後世祖怨為子立祠於縣謫其民罰布數世楊雄

琴清英曰尹吉甫子伯奇至孝後母譖之自投江中衣苔帶藻忽夢見水先賜 其美藥唯養親揚聲悲歌船人聞之而學之吉甫聞船人之聲疑似伯奇援琴作子安之操

江水逕漢安縣北

縣雖迫山川土地特美蔬魚鹽家有焉江陽郡治也故犍為岐江都尉建安十八年劉璋立

江水東逕樊石灘又逕大附灘

頻歷二險也

又東過符縣北邪東南鰼部水從符關東北注之

縣故巴夷之地也漢武帝建初六年以唐蒙為中

郎將從萬人出巴符關者也漢武元鼎二年立王莽之符信矣縣治安樂水會水源南通寧州平夷郡鼈縣北逕安縣界之東又逕符縣下北入江縣長趙祉遣吏先尼和以永建元年十一月詣巴郡沒死成濡灘子賢求喪不得女終年二十五歲有二子五歲以還至二年二月十五日尚不得喪終乃乘小船至父沒處哀哭自沉見夢告賢曰至二十一日與父俱出至日父子果浮出江上郡縣上言為之立碑以旌孝誠也其鰼部之水所未聞矣或是水之殊目非所究也

又東北至巴郡江州縣東強水涪水漢水白水宕渠

水水合南流注之
強水即羌水也宕渠水即潛水渝水矣巴水出晉
昌郡宣漢縣巴嶺山郡隸梁州晉太康中立治漢
中縣南去郡八百餘里故蜀巴西南流歷巴中逕
巴郡故城南李嚴所築大城北西南入江庾仲雍
所謂江州縣對二水口右則涪內水左則蜀外水
即是水也江州縣故巴子之都也春秋桓公九年
巴子使韓服告楚請與鄧好是也及七國稱王巴
亦王焉秦惠王遣張儀等救苴侯於儀巴貪巴苴
之富因執其王以婦以置巴郡焉巴治江州漢獻
帝初平元年分巴爲三郡於江州則永寧郡治也

至建安六年劉璋納騫瀆之訟復為巴郡以嚴顔
爲守顔見先主入蜀歎曰獨坐窮山放虎自衛此
即拊心處巴漢世郡治江州巴水北北府城是也
後乃徙南城劉備初以江夏費觀爲太守領江州
都督後都護李嚴更城周一十六里造倉龍白虎
門求以五郡為巴州治丞相諸葛亮不許競不果
地勢側嶮皆重屋累居數有火害又不相容結舫
水居者五百餘家承三江之會夏水增盛壞散顛
沒死者無數縣有官橘官荔芰園夏至則熟二千
石常設廚膳命士大夫共會樹下食之縣北有稻
田出御米也縣下又有清水穴巴人以此水為粉

則皜曜鮮芳貢粉京師因名粉水故世謂之為江州墮林粉粉水亦謂之為立水矣江水北岸有塗山南有夏禹廟塗君祠廟銘存焉常璩仲雍並言禹娶於此余按群書咸言禹娶在壽春當塗不於此也

又

江水東至枳縣西延江從牂牁郡北流西屈注之

東逕陽關巴子梁江之兩岸猶有梁處巴之三關斯為一也延熙中蜀車騎將軍鄧芝為江州都督治此江水又東石逕黃葛峽山高嶮全無人居江水又左逕明月峽東至梨鄉歷雞鳴峽江之兩岸有枳縣治華陽記曰枳縣在江州巴郡東四百里

治涪陵水會庾仲雍所謂有别江出武陵者也水乃延江之枝津分水北注逕涪陵入江故亦云涪陵水也其水南道武陵郡昔司馬錯泝舟此水取楚黔中地延熙中鄧芝伐徐巨射玄猨於是縣猨自拔矢卷木葉塞射瘡芝歎曰傷物之生吾其死矣江水又東逕涪陵故郡北後乃并巴郡遂罷省江又東逕文陽灘灘險難上江水又東逕漢平二百餘里左自涪陵東出百餘里而届于積石東為桐柱灘

又逕東望峽東歷平都

峽對豐民洲舊巴子别都也華陽記曰巴子雖都

江平州又治平都即此處也有平都縣爲巴郡之隷邑矣縣有天師治兼建佛寺甚清靈縣有市肆四日一會

江水又逕虎鬚灘

灘水廣大夏斷行旅

江水又東逕臨江縣南

王莽之鹽江縣也華陽記曰縣在枳東四百里東接朐忍縣有鹽官自縣北入鹽井溪有鹽井營戶

沿注溪井水

江水又東得黄華水口

江浦也

左逕石城南
庾仲雍曰臨江至石城黄華口一百里
又東至平洲
洲上多居民
又東逕壤塗而歷和灘又東逕界壇
是地巴東之西界益州之東境故得是名也又東
過魚復縣南夷水出焉
江水又過右得將龜溪口
華陽記曰朐忍縣出靈龜咸熙元年獻龜於相府
言出自此溪也
江水又東南會北集渠

二溪水涪陵縣界謂之于陽溪北流逕巴東郡之南浦僑縣西溪夾側鹽井三口相去各數十步以木爲桶徑五尺修煮不絶水北北流注於江謂之南集渠口亦曰于陽溪口北水出新浦縣北高梁山分溪南水逕其縣西又南一百里入朐忍縣南入于江謂之北集渠口別名班口又曰分水口朐忍尉治此

江水又右逕池溪口

蓋江汜決入也

江水又東逕右龍

而至于博陽二村之間有盤石廣四百丈長六里

而復殆于岨塞江川夏沒冬出基亘通渚

又東逕羊腸虎臂灘

楊亮為益州至北而覆徵其波瀾蜀人至今猶名

之為使君灘

江水又東彭水注之

水出巴渠郡獠中東南流逕漢豐縣東清水注之

水道源出西北巴渠縣東北巴嶺南獠中即巴渠

水也西南流至其縣又西入峽檀井溪水出焉又

西過山至漢豐縣東而西注彭溪謂之清水口彭

溪又入逕朐忍縣西六十里南流至于江謂之彭

溪口

江水又東右逕朐忍縣故城南

常璩曰縣在巴東郡西二百九十里縣治故城跨其山阪南臨大江之南岸有方山山形方峭枕側

江瀆

江水又東逕瞿巫灘

即下瞿灘也又謂之博望灘左則湯溪水注之水源出縣北六百餘里上庸界南流歷之縣翼帶鹽井一百所巴川資以自給粒大者方寸中央隆起形如張傘故因名之曰傘子鹽有不成者形亦必方異於常鹽矣王隱晉書地道記曰入湯口四十三里有石煑以為鹽石大者如升小者如拳煑之

水竭鹽成蓋蜀火井之倫水火相得乃佳矣湯溪
下與檀溪水合上承巴渠水巴渠南歷檀井溪之
檀井下水入湯水湯水又南入于江名曰湯口

江水又逕東陽灘

江上有破石故亦通謂之破石灘茍延光没處也
常璩曰水道有東陽下瞿數灘山有大小石城㝠
壽木及橘圃也故地理志曰縣有橘官有民市

江水又逕魚復縣之故陵

舊郡治故陵溪西二里故陵村溪即永谷也地多
木瓜樹有子大如甒白黄實甚芬香爾雅之所謂
楙也

江水又東爲落牛灘逕故陵北
江側有六大墳庾仲雍曰楚都丹陽所葬亦猶枳
之巴陵矣故以故陵爲名也有魚復尉戍此江之
左岸有巴鄉村村人善釀故俗稱巴鄉清郡出名
酒村側有溪溪中多靈壽木中有魚其頭似羊豐
肉少骨美於餘魚溪水伏流逕平頭山内通南浦
故縣陂湖其地平曠有湖澤中有菱芡鯽鴈不異
外江凡此等物皆入峽所無地密惡蛮不可輕至
江水又右逕夜清而東歷朝陽道口
有縣治治下有市十日一會
江水又東左逕新市里南

常璩曰巴舊立市於江上今新市里是也

江水又東右合陽元水口

水出陽縣西南高陽山東東北流逕其縣南東北流丙水注之水發縣東南柏枝山山下有丙穴穴方數丈中有嘉魚常以春末遊渚冬初入穴抑亦褒漢丙穴之類也其水北流入高陽溪溪水又東北流注於江謂之陽元水口

江又東逕南鄉峽東逕永安宮南

劉備終於此諸葛亮受遺處也其間平地可二十許里江山迥闊入峽所無城周十餘里背山面江頽墉四毀荆棘成林左右民多墾其中

江又東逕諸葛亮圖壘南
石磧平曠望兼川陸有亮所造八陣圖東跨故壘
皆累細石為之自壘西去聚石八行行間相去二
丈因曰八陣既成自今行師庶不覆敗皆圖兵勢
行藏之權自後深識者所不能了今夏水漂蕩歲
月消損高處可二三尺下處磨塽殆盡
江水又東南逕赤岬西
是公孫述所造因山據勢周迴七里一百四十步
東高三百丈西北高一千丈南連基白帝山甚高
大不生樹木其石悉赤土人云如人袒胛故謂之赤
岬山淮南子曰傍偟於山岬之旁注曰岬山脅

也郭仲産曰斯名將因此而興矣
江水又東逕魚復縣故城南
故魚國也春秋左傳文公十六年庸與羣蠻叛楚
莊王伐之七遇皆北唯魚人逐之是也地理志江
關都尉治公孫述名之為白帝取其王巴蜀章武
二年劉備爲吳所破改白帝爲永安巴東郡治也
漢獻帝初平元年分巴為三都以魚復爲故陵郡
趙韙訴劉璋改爲巴東郡治白帝山城周回二百
八十步北緣馬嶺接赤甲山其間平處南北相去
八十五丈東西十七丈又東傍東瀼溪即以爲隍
西南臨大江闚之眩目唯馬嶺小差委迤猶斬爲

路羊腸數四然後得上益州刺史鮑陋鎮此為譙
道福所圍城裏無泉乃南開水門鑿石為函道上
施木天公直下至江中有似猨臂相牽引汲然後
得水水門之西江中有孤石爲滛預石冬出水二
十餘丈夏則沒亦有裁處矣縣有夷溪即狼山清
江也經所謂夷水出焉

江水又東逕廣溪峽

之斯乃三峽首也其閒三十里頽巖倚木厥勢殆
交此岸山上有神淵淵北有白鹽崖高可千餘丈
俯臨神淵土人見其高白故因名之天旱燃大崖
上推其灰燼下穢淵中尋則降雨常璩曰縣有山

此卅一卷中
第十二葉也

也清水又東南逕士林東戍名也戍有邸閣水左
有豫章大陂下灌良疇三千許頃也
西過鄧縣東
縣故鄧侯吾離之國也楚文王滅之秦以為縣清
水右合濁水俗謂之弱溝水上承白水於朝陽縣
東南流逕鄧縣故城南習鑿齒襄陽記曰楚王至
鄧之濁水去襄陽二十里即此水也濁水又東逕
鄧塞者即鄧城東南小山也先後呂之為鄧塞昔
孫文臺破黃祖於其下濁水東流注于淯淯水又
南逕鄧塞東又逕鄾城東右鄾子國也蓋鄧之南
鄙也昔巴子請楚與鄧為好鄾人奪其幣即是邑

也司馬彪以爲鄧之鄾聚矣
南入于汅瀙水出瀙强縣南澤中東入潁
隱入出潁川陽城縣少室山東流注于潁水而亂
流東南逕臨潁縣西北小瀙水出焉東逕臨潁縣
故城北瀙水又東逕瀙陽城北又東逕瀙强縣故
城南建武元年世祖封楊化将軍堅鐔爲侯國瀙
水東爲陶掘陂余案瀙陽城在瀙水南然則此城
正應爲瀙陰城而有瀙陽之名者明在南猶有瀙
水故此城以陽爲名矣潁水之南有二瀆其南瀆
東南流行歷臨潁亭西東南入汝今無水也疑即
瀙水之故瀆矣汝水於奇頟城兵别東派時人謂

澤水神旱時鳴鼓請雨則必應嘉澤蜀都賦所謂
應鳴鼓而興雨也峽中有瞿塘黃龕二灘夏水迴
復㳂泝所忌瞿塘灘上有神廟尤至靈驗刺史二
千石逕過皆不得鳴角伐鼓商旅上水恐觸石有
聲乃以布裹篙足今則不能爾猶饗薦不輟此峽
多猨猨不生北岸非唯一處或有取之放著北山
中初不聞聲將同狢獸渡汶而不生矣其峽蓋自
昔禹鑿以通江郭景純所謂也東之峽夏后疏鑿
者又東出江關入南郡界

江水自關東逕弱關捍關

捍關廩君浮夷水所置也弱關在建平秭歸界昔

巴楚數相攻伐籍險置關以拒防捍秦兼天下置立南郡自巫上皆其城也又東過巫縣南鹽水從縣東南注流之

江水又東烏飛水注之

水出天門郡漊中縣界北流逕建平郡沙渠縣南又北流逕巫縣南西北歷山道三百七十里注于江謂之烏飛口

水經卷第三十三

水經卷第三十四

桑欽撰　酈道元注

江水

江水又東逕巫縣故城南

縣故楚之巫郡也秦省郡立縣以隸南郡吴孫休分為建平郡治巫城城緣山為墉周十二里一百一十步東西北三面皆帶傍深谷南臨大江故謂之夔國也

江水又東巫溪水注之

溪水道源梁州晉興郡之宣漢縣東又南逕建平郡泰昌縣南又北井縣西東轉歷其縣北井南有

鹽井井在縣北故縣名北井建平一郡之所資也
鹽水下通巫溪溪水是兼鹽水之稱矣溪水又南
屈逕巫縣東縣之東北三百步有聖泉謂之孔子
泉其水飛清石穴潔並高泉下注溪水溪水又南
入于大江

江水又東逕巫峽

杜宇所鑿以通江水也郭仲產云按地理志巫山
在縣西南而今縣東有巫山將郡縣居治無恒故也

江水歷峽東逕新崩灘

此山漢和帝永元十三年崩晉太元二年又崩當
崩之日水逆流百餘里湧起數十丈今灘上有石

或圓如簞或方似屋若此者甚衆皆崩崖所隕致
怒端流故謂之新崩灘其頹巖所餘比之諸嶺尚
爲竦桀其下十餘里有大巫山非唯三峽所無乃
當抗峯岷峨偕嶺衡疑其翼附群山並槩青雲更
就霄漢辯其優劣耳神血涂所處山海經曰夏后
啓之臣曰血涂是司神于巴巴人訟于血涂之所
其衣有血者執之是謂生居山上郭景純在丹山
西丹山在丹陽屬巴丹山西即巫山者也又帝女
居焉宋玉所謂我帝之季女名曰瑶姬未行而亡
封于巫山之臺精魂爲草寔爲靈芝所謂巫山之
女高唐之姬旦爲行雲暮爲行雨朝朝暮暮陽臺

之下旦早視之果如其言故爲立廟號朝雲焉其間首尾一百六十里謂之巫峽蓋因山爲名也自三峽七百里中兩岸連山略無闕處重巖疊嶂隱天蔽日自非停午夜分不見曦月至於夏水襄陵沿泝阻絕王命急宣有時朝發白帝暮到江陵其間千二百里雖乘奔御風不以疾也春冬之時則素湍淥潭迴清倒影絕巘多生檉柏懸泉瀑布飛漱其閒清榮峻茂良多趣謂每至晴初霜旦林寒澗肅常有高猿長嘯屢引淒異空崆傳響哀轉久絕故漁者歌曰巴東三峽巫峽長猿鳴三聲淚沾裳

江水又東逕石門灘

灘北岸有山山上合下開洞達東西緣江步路所
由劉備爲陸遜所破是逕此門追者甚急備乃燒
斷鎧道孫桓爲遜前驅奮不顧命斬上夔道截其
要徑備踰山越嶮僅乃得免忿恚而嘆曰吾昔至
京桓尚小兒而今迫孤乃至於此遂發憤而薨矣

又東過秭歸縣之南

縣故歸矣地理志曰歸子國也樂緯曰昔歸典叶
聲律宋忠曰歸即夔歸鄉蓋夔鄉矣右楚之嫡詞
有熊摯者以廢疾不立而居于夔爲楚附庸後王
命爲夔子春秋僖公二十六年楚以其不祀滅之
者也袁崧曰屈原有賢姊聞原放逐亦來歸喻令

自寬全鄉人冀其見從因名曰秭歸即離騷所謂
女須嬋援以詈余也縣城東北依山即坂周迴二
里高一丈五尺南臨大江古老相傳謂之劉備城
蓋備征吳所築也縣東北數十里有屈原舊田宅
雖畦堰縻漫猶保屈田之稱也縣北一百六十里
有屈原故宅累石爲屋基名其地曰樂平里宅之
東北六十里有須廟擣衣石猶存故宜都記曰秭
歸蓋楚子熊繹之始國而屈原之鄉里也原田宅
于今具存指謂此也

江水又東逕城北

其城憑嶺作固二百一十步夾溪臨谷據山枕江

北對丹陽城城據山跨阜周八里二百八十步東北面兩戀臨絕澗西帶亭下溪南枕大江嶮峭壁立信天固也楚子熊繹始封丹陽之所都也地理志以為吳子之丹陽論者云尋吳楚悠隔繿縷荊山無容遠在吳境是為非也又楚子先王陵基在其間蓋為徵矣

江水又東南逕夔城南

跨據川阜周迴一里百一十八步西北皆枕深谷東帶鄉溪南側大江城內西北角有金城東北角有員土獄西南角有石井口徑五尺熊摯始治巫城後疾移北蓋夔徙也春秋左傳僖公二十六年

楚令尹子玉城夔者也服虔曰在巫之陽秭歸歸鄉矣

江水又東逕歸鄉縣故城北

袁崧曰父老傳言原既流放忽然暫歸鄉人喜悅因名曰歸鄉抑其山秀水清故出携異地險流疾故其性亦隘詩云惟岳降神生甫及申信與余謂袁崧此言可謂因事而立證恐非名縣之本旨矣縣城南面重嶺北背大江東帶鄉口溪溪源出縣東南數百里西北入縣逕狗峽西峽崖龕中石隱起有狗形形狀具足故以狗名峽鄉口溪又西北逕縣下入江謂之鄉口也

江水又東逕信陵縣南
臨大江東傍深溪溪源北發梁州上庸縣界南流
逕縣下而注于大江也
江水又東過夷陵縣南
江水自建平至東界峽盛弘之謂空泠峽峽甚高
峻即宜都建平二郡界也其間遠望交嶺表有五
六峯參差互出上有奇石如二人像攘袂相對俗
傳兩郡督郵争界於此宜都督郵厥勢小東傾議
者以爲不如也
江水歷峽東逕宜昌縣之插竈下
江之左岸絶岸壁立數百丈飛鳥所不能栖有一

火爐堮在崖間望見可長數尺父老傳言昔洪水之時人薄舟崖側以餘燼堮之巖側至今猶存故先後相承謂之堮竈也

江水又東流頭灘

其水並浚激奔暴魚鼈所不能游行者常苦之其歌曰灘頭白勃堅相持倏忽淪没别無期袁崧曰自蜀至此五千餘里下水五日上水百日也

江水又東逕宜昌縣北

分夷道狠山所立也縣治江之南岸北枕大江與夷陵對界宜都記曰渡流頭灘十里便得宜昌縣也

江水又東逕狼尾灘而歷人灘

袁崧曰二灘相去二里人灘水至峻峭南岸有青
石夏沒冬出其石嶔崟數十步中悉作人而形或
大或小其分明者鬚髮皆具因名曰人灘也

江水又東逕黃牛山

下有灘名曰黃牛灘南岸重嶺疊起最外高崖間
有色如人負刀牽牛人黑牛黃成就分明既人跡
所絕莫得究焉此巖既高加江湍紆迴雖途逕信
宿猶望見此物故行者謠曰朝發黃牛暮宿黃牛
言水路行深迴望如一矣

江水又東逕西陵峽

宜都記曰自黃牛灘東入西陵界至峽口一百許

里山水紆曲而兩岸高山重嶂非日中夜半不見
日月絶壁或千許丈其石彩色形容多所像類林
木高茂略盡冬春猿鳴至清山谷傳響泠泠不絶
所謂三峽此其一也崧言常聞峽中水疾書記及
口傳悉以臨懼相戒曾無稱有山水之美也及余
来踐躋此意既至欣然始信之耳聞不如親見矣
其疊崿秀峰奇構異形固難以辭叙林木蕭森離
離蔚蔚乃在霞氣之表仰矚俯映彌習彌流連信
宿不覺忘返目所履歷未嘗有也既自欣得此奇
觀山水有靈亦當驚知己於古矣
江水歷禹斷江

南峽北有此谷村兩山間有水清深潭而不流又耆舊傳言昔是大江及禹治水此江小不足瀉水禹更開今峽口水勢并衡此江遂絕于今謂之斷江也

江水出峽東南流逕城故州州附北岸洲頭曰郭洲長二里廣一里上有步闡故城方圓稱洲周迴畧滿故城洲上城周里吳西陵督步騭所築也孫皓鳳皇元年騭息闡復為西陵督據此城降晉遣太傅羊古接援未至為陸抗所陷也

江水又東逕陸抗故城北

城即此爲墉四面大險江南岸有山孤秀從江中仰望壁立峻絶袁崧爲郡嘗登之矚望焉故其記云今自山南上至其嶺嶺容十許人四面望諸山畧盡其勢俯臨大江如縈帶焉視舟如鳧鴈矣北對夷陵縣之故城城南臨大江秦令白起伐楚三戰而燒夷陵也者應劭曰夷山在西北蓋因山以名縣也王莽改曰居利吳黄武元年更名西陵也後復夷陵縣北三十里有石穴名曰馬穿嘗有白馬出穴食人逐之人穴潛行出漢中漢中人失馬亦嘗出此穴相去數千里袁崧言江北多連山登之望江南諸山數十百重莫識其名高者千仞

多奇形異勢自非烟褰雨霽不辨見此遠山矣余
嘗往返十許過正可再見遠峯耳

江水又東逕白鹿巖

沿江有峻壁百餘丈猨所不能遊有十白鹿陵峭
登崖乘巖而上故世名此巖為白鹿上

江水又東歷荊門虎牙之門

荊門在南上合下開闇徹山南有門像虎牙在此
石壁色紅間有白文類牙形並以物像受名此三
山楚之西塞也水勢急峻故郭景純江賦曰虎牙
桀豎以屹崒荊門闕竦而盤薄圖淵九迴以懸騰
溢流雷呴而電激者也漢建武十一年公孫述遣

其大司徒任滿翼江王田戎將兵萬據險爲浮橋
横江以絶水路營壘跨山以塞陸道光武遣吳漢
岑彭將六萬人擊荆門漢等率舟師攻之直衝浮
橋因風縱火遂斬滿等矣
又東南過夷道縣北夷水從佷山縣南東北注之
夷道縣漢武帝伐西夷路由此出故曰夷道矣王
莽更名江湖桓温父名彝改曰西道魏武臨江分
南郡置臨江郡劉備曰曰宜都郡治在縣東四百
步故城吳丞相陸遜所築也爲二江之會也北有
湖里淵淵上橘柚蔽野桑麻闇日西望佷山諸嶺
重峯疊秀青翠相臨時有丹霞白雲遊曳其上城

東北有望堂地特峻下臨青江遊矚之名處也縣北有女觀山厥處高顯回眺極目古老傳言昔有思婦夫宦於蜀屢愆愁期登此山絕望憂感而死山木枯悴鞠為童枯鄉人哀之因名此山為女觀焉葬之山頂今孤墳尚存矣又東過枝江縣南沮水從北來注之

江水又東逕上明城北

北晉大元中苻堅之寇荊州也刺史桓沖徙渡江南使劉波築之移州治也城其地夷敞北據大江江汜枝分東入大江縣治州上故以枝江為稱地理志曰江沱出西南東入江是也其民古羅從羅

故居宜城西山楚文王又徙之於長沙今羅縣是
矣縣西三里有津鄉津鄉里名也春秋莊公十九
年巴人伐楚楚子禦之大敗於津鄉應劭曰南郡
江陵有津鄉今則無聞矣郭仲產云尋楚禦巴人
枝江是其塗便此津鄉弘即其地也盛引之曰縣
舊治沮中後移出百里洲西去郡一百六十里縣
左右有數十洲槃布州中其百里洲最爲大也中
桑田甘果映江依洲自縣西至上明東及江津其
中有九十九洲楚彥云洲不下百故不出王者桓玄
有開鼎之志乃漕一洲以充百數僭號數旬宗滅
身屠及其傾敗洲亦消毀今上在西忽有一洲自

生沙流迴薄成不淹時其後未幾龍飛江漢矣縣東二里有縣人劉凝之故宅凝之字志安兄盛公高尚不仕凝之慕老萊嚴子陵之為人立屋江湖非力不食妻梁州刺史郭全女亦能安貧宋元嘉中夫妻隱于衡山終焉不返矣縣東北十里土臺北岸有迴洲長十餘里義熙初武烈王斬桓謙處縣東南二十里富城洲上有道士范僧精廬自言巴東人少遊荆土而多槃桓縣界惡衣麤食蕭散自得言來事多驗而辭不可詳人心欲見欻然而對貌言尋求終弗遇也雖遥跨諸洲而舟人未嘗見其濟涉也後東遊廣陵卒於彼土僧本洲無定

止處宿憩一小巷而已弟子慕之於其昔遊共立精舍以存其人縣有陳留王子香廟頌子香於漢和帝之時出為荊州刺史有惠政天子徵之道卒枝江亭中常有三白虎出入人間送喪踰境百姓追美甘棠以永元十八年立廟設祠刻石銘德號曰枝江白虎王君其子孫世今猶謂之為白虎王

江水又東會沮口

楚昭所謂江漢沮漳楚之望也

又南過江陵縣南

縣江有洲號曰枝迴洲　江水自此兩分而為南北江也北江有故鄉洲元興之末桓玄西奔毛祐之

與叅軍費恬射玄於此洲玄子昇年六歲輒拔去之王貽之云玄之初奔也經曰不得食左右進麤粥咽不下昇抱玄胷撫之玄悲不自勝至此益州都護馮遷斬玄於此州斬昇於江陵矣下有龍洲洲東有寵洲二洲之間世擅多魚矣漁者投罟歷網往往絓絕有潜客泳而視之見水下有兩石牛甞為罾害矣故漁者莫不擊浪浮舟皷拖而去矣其下謂之邴里洲洲有高沙湖湖東北有小水通江名曰曾口

江水又東逕鷰尾洲

北合靈溪水水無泉源上承散水合成大溪南流

注江江溪之會有靈溪戍背阿面江西帶靈溪故戍得其名矣

江水東得馬牧口

江水斷洲通會

江水又東逕江陵縣故城南

禹貢荊及衡陽惟荊州蓋即荊山之稱而制州名矣故楚也子革曰我先君僻處荊山以供王事遂遷紀郢今城楚船官地也春秋之渚宮矣秦昭襄王二十九年使白起拔鄢郢以漢南地而置南郡焉周書曰南國名也南氏有二臣力釣勢敵競進爭權君弗能制南氏用分爲二南國也按韓嬰叙詩

云其地在南郡南陽之間呂氏春秋所謂禹自塗山南省南土者也是郡取名爲後漢景帝以爲臨江左榮國王坐侵廟垣地爲宮被徵升車出北門而軸折父老竊流涕曰吾王不還矣自後北門不開蓋由榮非理終也漢景帝二年改爲江陵縣王莽更名南順縣曰江陵舊城關羽所築羽北圍曹仁呂蒙襲而據之羽曰此城吾所築不可攻也乃引而退杜元凱之攻江陵也城上人以瓠擊狗頸示之元凱病癭故也及城陷殺城中老小血流沾足論者以此薄之江陵城地東南傾故緣以金堤自靈溪始桓溫令陳遵造遵善於防攻使人打鼓

遠聽之知地勢高下依傍創築略無差矣城西有
栖霞樓俯臨通隍吐納江流城南有馬牧城西側
馬徑此洲始自牧迴下迄於此長七十餘里洲上
有奉城故江津長所治舊主度州郡貢於洛陽因
謂之奉城亦曰江津戍也戍南對馬頭岸昔陸抗
屯此與羊祜相對大弘信義談者以為華元子反
復見於今矣北對大岸謂之江津口故洲亦取名
焉江大自此始也家語曰江水至江津非方舟避
風不可涉也故郭景純云濟江津以起漲言其深
廣也
江水又東逕郢城南

子囊遺言所城地理志曰楚别邑故郢矣王莽以
為郢亭城中有趙臺鄉冢岐平生自所營也冢圖
賔主之容用存情好叙其宿尚矣
江水又東得豫章口
夏水所通也西北有豫章罔蓋因罔而得名矣或
言因楚王豫章臺名所未詳也

水經卷第三十四

水經卷第三十五

桑欽撰　　酈道元注

江水

又東至華容縣西夏水出焉

江水左迆爲中夏水右則中郎浦出焉江浦右迆南派曲而極水曲之地勢世謂之江曲者也

又東南當華容縣南湧水出焉

江水又東涌水注之

水自夏水南通於江謂之涌口春秋所謂閻敖游涌而逸於二水之間者也

江水又逕南平郡孱陵縣之樂鄉城北

吴陸抗所築後王濬攻之獲吳水軍督陸景於此渚也
又東南油水從西南來注之又東右合油口
又東逕公安縣北
劉備之奔江陵使築而鎮之曹公聞孫權以荆州借備臨書落筆杜預尅定江南罷華容置之謂之江安縣南郡治矣以華容之南鄉爲南郡晉太康元年改曰南平也縣有油水水東有景口口即武陵郡界景口東有淪口淪水南與景水合又南通澧水及諸陂湖北是淵也相接悉是南蠻府也也故側江有大城相承云倉諸城即邸閣也

江水左會高口
　江浦也對黄州
江水又東得故市口
　水與高水通也
江水又右逕揚歧北山
　山枕大江山東有城故華容縣尉舊治也
大江又東左合子夏口
　江水左迆北出通於夏水故曰子夏也
大江又東左得侯臺水口
　江浦也
大江右得龍穴水口

江浦右迆也北對虎洲又洲北有龍巢地名也昔禹南濟江黃龍夾舟舟人五色無主禹笑曰吾受命於天竭力養民生死命也何憂龍哉於是二龍弭鱗掉尾而去焉故水地取名矣

江水自龍巢而東俞口

夏水泛盛則有冬無之江水北岸上有小城故監縣尉治也

又東得清揚土塢二口

江浦也

大江右逕石首山北又東逕赭要

赭要洲名在大江中次北湖洲下

江水左得飯筐上口

秋夏水通下口間相距三十餘里赭要下即楊子洲在大江中二洲之間常苦蛟害者荆佽飛濟此遇兩蛟斬之自後罕有所患矣江之右岸則清水口口上即錢官也水自牛皮山東北通江北對清水洲洲下接生江洲南即生江口水南通醴浦江水右會飯筐上口江浦所又也

江水又右得上檀浦

江溠也

江水又東逕竹町南

江中有觀詳溠溠東有大洲洲東分為爵洲洲南

對湘江口也
又東至長沙下雋縣北澧水沅水資水合東流注之
凡此諸水皆注于洞庭之陂是乃湘水非江川
湘水從南來注之
江水右會湘水所謂江水會者也
江水又東左得二夏浦
夏浦俗謂之西江口又東逕忌置山南山東即隱
口浦矣江之右岸有城陵山山有故城東接微落
山亦曰暉落磯江之南畔名黄金瀨瀨東有黄金
浦良父口夏浦也
又東逕彭城口

水東有彭城磯故水受其名即玉潤水出巴丘縣
東玉山玉溪北流注于江

江水自彭城磯東逕如山北
北對隱磯二磯之間大江之中有獨石孤立大江
中山東江浦世謂之白馬口

江水又左逕白螺山南
右歷鴨蘭磯北江中也東得鴨蘭治浦二口夏浦也

江上左逕止烏林南
村居地名也又東逕烏黎口江浦也即中烏林矣
又東逕烏林南吳黃蓋敗魏武於烏林即是處也

江水又東左得子練口

北通練浦又東合練口江浦也南直練洲練名所
以生也江之右岸得蒲磯口即陸口也水出下雋
縣西三山溪其水東逕陸城北又東逕下雋縣南
故長沙舊縣王莽之閏雋也宋元嘉十六年割隸
巴陵郡陸水又屈而西北流又逕其縣北北對金
城吳將陸渙所屯也陸水又入蒲圻縣北逕呂蒙
城西昔孫權征長沙零桂所鎮也陸水又逕蒲磯
山北入大江謂之刀環口又東逕蒲磯山北對蒲
圻洲亦曰擎洲又曰南洲洲頭即蒲圻縣治也晉
太康元年置洲上有白面洲洲南又有湺口水出
豫章又縣東入蒲圻縣至沙陽西北魚嶽山入江

山在大江中楊子洲南孤峙中洲
江水左得中陽水口又東得白沙中
一名沙屯即麻屯口也本名農默口江浦矣南直
蒲圻洲水北入百餘里吳所屯也又逕魚嶽山北
下得金梁洲洲東北對淵洲一名淵步洲江瀆從
洲頭以上悉壁立無岸歷專政至白沙方有浦上
甚難江中有沙陽洲沙陽縣治也縣本江夏之沙
羡矣晉太康中改曰沙陽縣宋元嘉十六年割隸
巴陵郡江之右岸有雍口亦謂之流口東北流之
長洋港東北流逕石子岡岡上有故城即州陵縣
之故城也莊辛所言左州侯國矣又東逕州陵新

治南王莽之江夏也港水東南流注于江謂之洋
口南對龍穴洲沙陽洲之下尾也洲裏有鴐部口
宋景平二年迎文帝於江陵法駕頓此因以為名
文帝車駕發江陵至此黑龍躍出負帝所乘舟左
右失色上謂長史王曇首曰乃夏禹所以受天命
矣我何德以堪之故有龍穴之名焉

江水東右得聶口

江浦也左對聶州

江水左逕百人山南

右逕赤壁山北昔周瑜與黃蓋詐魏武大軍所起也

江水東逕大軍山南

山東有山屯夏浦江水左迤也江中有石浮出謂之節度石右則塗水注之出江州武昌郡武昌縣泰山西北流逕汝南僑郡故城南咸和中冦難南逼戶口南渡因置斯郡治于塗口塗水歷縣西又西北流注于江

江水又東逕小軍山南

臨側江津東有小軍浦

江水又東逕雞翅山北

山東即土城浦也

又東北至江夏沙羨縣西北沔水從北來注之

沌水上承陽縣之白湖東南流為沌水逕陽縣南

注于江謂之沌口有陽都尉治晉永嘉六年王敦
以陶侃為荆州鎮此明年徙林鄣
江水又東逕歎父山南對歎州
亦曰炭步矣江之右岸當鸚鵡洲南有江水右迆
謂之驛渚三月以宋水下通樊口水
江水又東逕魯山南
右翼際山也地説曰漢與江合于衡北翼際山傍
者也山上有吴江夏太守陸涣所治城蓋取二水
之名地理志曰夏水過郡入江夏也舊治安陸漢
高帝六年置吴乃徙此城中有晋征南将軍荆州
刺史胡奮碑又有平南将軍王世将刻石記征社

曾事有劉琦墓及廟也山左即沔水口矣沔左有却月城癸亦曰偃月壘戴監軍築故曲陵縣也後乃沙羨縣治也昔魏將黃祖所守遣董襲陸統攻而擒之禰衡亦遇害於此衡恃才倜儻肆狂狷於無妄之世保身不足遇非其死可謂咎悔之深矣江之右岸有船官浦歷黃鵠磯西而南矣直鸚鵡洲之下尾江水溠曰狀浦是曰黃軍浦昔吳將黃蓋軍師所屯故浦得其名亦商舟之所會矣船官浦東即黃鵠山林間甚美譙郡戴仲若野服居之山下謂之黃鵠岸岸下有灣目之為鵠灣鵠山東北對夏口城魏黃初二年孫權所築也依山傍江

開勢明遠憑墉籍阻高觀枕流上則遊因流川下
則激浪崎嶇寔舟人之所艱也對岸則入沔津故
城以夏口為名亦沙羨縣治矣

江水左得湖口水通太湖又東合灄口水上承沔水
於安陸縣而東逕灄陽縣北東南注于江江水又東
湖水自北南注謂之加吳江右岸頻得二夏浦北對
東城洲西浦側有雍伏戍江之左岸東會龍驤水口
出北山蠻中江之有武口水上通安陸之延頭
宋元嘉二年衛將軍荊州刺史謝晦阻兵上流為
征北檀道濟所敗走奔於此為戍主光順之所執
處也南至武城俱入大江南直武洲洲南對楊桂

水口江水南出也通金女大文桃班三治吴舊也
所在荆州界盡此
江水東逕若城南
庾仲雍江記曰若城至武城口三十里者也南對
郭口夏浦而不常泛矣東得苦菜夏浦浦東有苦
菜夏江逕其北故浦有苦菜之名爲山上有苦菜
可食江水左得廣武口江浦也江之右岸有李姥
浦浦中偏無蚊蚋之患矣北對峥嶸洲冠軍將軍
劉毅破桓玄於此洲玄乃扶天子西走江陵矣
又東過邾縣南
江水東逕白虎磯北山臨側江濆又東會赤溪夏

浦二口江水右迤也又東逕吳磯北庾仲雍謂之沛岸矣江右岸有狄口江浦也又得東烏石水出烏石山南流注于江

江水右黎磯磯北

亦曰黎岸也山東有夏浦又東逕上磧北山名也仲雍謂之大小竹磧也北岸峰火洲即與洲也北對舉口仲雍作莒字得其音而忘其事非也舉水出龜頭山西北流逕龍戍南梁定州治蠻田超秀為刺史舉水又西流左合垂山之水水北出垂山之陽與弋陽浬水同發一山故是水合之水之東有南口戍又南逕方山戍西西流注于舉水又西

南逕梁司豫二州東蠻曰魯生為刺史治湖陂城
亦謂之水城也舉水又西南逕顔城南又西南逕
齊安郡西倒水注之出黄武山南流逕曰沙戍西
又東南逕梁達城戍西東南合舉水舉水又南東
歷赤亭下又謂之赤亭水又分為二水南流注于
江謂之舉洲南對舉洲春秋左傳定公四年吳楚
陣于伯舉京相璠曰漢東地矣夏有洰水或作舉
疑即此也左水東南流入于江虎曰文方口江之
右岸有鳳鳴口江浦也浦側有鳳鳴戍

江水又東 逕邾縣故城南

楚宣王滅邾徙居于此故曰邾也漢高帝三年項

羽封吳芮為衡山王都此晉咸和中庾翼為西陽太守分江夏立四年豫州刺史毛寶西陽太守樊俊共鎮之為石虎將張格度所陷自爾丘墟焉城南對蘆州舊吳時容舍於洲上方便謂所止焉亦謂之羅州矣

鄂縣北江水右得樊口

庾仲雍江水記云谷里袁口江津南入歷樊山上下三百里通新興馬頭二治樊口之北有灣昔孫權裝大舡名之曰長安亦曰大舶載坐直之士三千人與群臣泛舟江津屬值風起權欲西取蘆州谷不從利乃拔刀急上令取樊口薄舶舡至岸而

敗故名其處為敗舶湾因鑿樊山為路以上人即名其處為吳造峴在樊口上一里今厥處尚存

江水又左逕赤鼻山南

山臨側江川

又東逕西陽郡南郡治即西陽縣也

晋書地道記以為弦子國也

江之右岸有鄂縣故城

舊樊楚也世本稱熊渠封其中子之名為紅是鄂王晋太康地記以為東鄂矣九州記曰鄂今武昌也孫權以魏黄初元年中自公安徙此改曰武昌縣鄂縣徙治於袁山東又以其年立為江夏郡分

建業之民千家以益之至黃龍元年權遷都建業以陸遜輔太子鎮武昌孫皓亦都之皓還東今滕牧守之晉惠帝永平中始置江州傳綜為刺史治此城後太尉庾亮之所鎮也今武昌郡治城南有袁山即樊山也武昌記曰樊口南有大姥廟孫權常獵於山下依夕見一姥問權獵何所得曰正得一豹母曰何不豎豹尾忽然不見應邵漢官序曰豹尾過後執金吾罷屯解圍天子鹵簿中後屬車施豹尾於道路豹尾之內為省中蓋權事應在此故為立廟也又孫皓亦嘗登之使將害常侍王蕃而其首虎以爭之北昔大江江上有釣臺權帝極

飲其上曰墮臺　乃已張昭盡言處城西有郊壇
權告天位於此顧謂公卿曰魯子敬嘗言此可謂
明於事勢矣城東故城言漢將灌嬰所築也江中
有節度石三段廣百歩高五六丈是西陽武昌界
分江於斯石也又得東五丈又得次浦江浦也東
逕五𡿺北有五山沿次江陰故得是名矣仲雍謂
之五圻

江水左則巴水注之

水出雩婁縣之下靈山即大别山也與決水同出
一山故世謂之分水山亦或曰巴山南歷蠻中吳
時舊立屯於水則引巴水以溉野又南逕巴水戍

南流注於江謂之巴口

又東逕軑縣故城南

故弦國也春秋僖公五年秋楚滅弦弦子奔黄者也漢惠帝元年封長沙相利倉為侯國城在山之陽南對五洲也江中有五洲相接故以五洲為名宋孝武帝舉兵江州建牙洲上有紫雲蔭之即是洲也

東會希水口出灊縣霍山西麓山北有灊縣故城

地理志曰縣南有天柱山即霍山也有祠南嶽廟音潛齊立霍州治此西南流分為二水枝津出焉希水又南積而為湖謂之希湖湖水又南流逕軑

縣東而南流注于江是曰希口水者也然水流急
濤霖雨暴病漂濫無常行者難之
大江右岸有厭里口安樂浦
從此至武昌尚方作部諸屯相接枕帶長江又東
得桑步步下有章浦本西陽郡治今悉荒蕪
江水左得赤水浦
夏浦也
江水又東逕南陽山南
又曰茍嶬亦曰南陽嶬仲雍謂之南陽圻一名洛
至圻一名石姥水勢迅急
江水又東逕西陵縣故城南

史記秦昭王遣白起伐楚取西陵者也漢章帝建初二年封陰堂為侯國

江水東歷孟家溠江之右岸有黃石山水逕其北即黃石磯也一名石茨圻有西陵縣也北縣則三洲也山連逕江則東山偏高謂之西塞東對黃公九磯所謂九圻者也於行小難兩山之間為闗塞也從此濟於土復土復者北岸地名也

又東過蘄春縣南蘄水從北東注之

江水右得蔿口江浦也浦東有蔿山江水東逕山北北崖有東湖口江波左迆流結成湖故謂之湖口矣江水又東得空石口江浦在右臨江有空石

山南對石穴洲洲上有蘄陽縣治也又東蘄水注之江水又東逕蘄春縣故城南世祖建武三十年封陳俊子浮為侯國也江水又東得銅零口江浦也大江右逕蝦蟆山北而東會海口水南通太湖北達于江水左右翼山江水逕其北東合臧口江浦矣江水又左逕長風山南得長風口江浦也江水又東逕積布山南俗謂之積布磯又曰積布圻庾仲雍所謂高山也此即西陽尋陽二郡界也右岸有土復曰江浦也夾浦有江山山東口有護江浦也庾仲雍謂之朝二浦也

又東過下雉縣北利水從東陵西南注之

江水東逕琵琶山南山下有琵琶灣也又東逕望
夫山南又東得苦菜水水口夏浦也江之右岸富
水注之水出陽新縣之青湓山西北流逕陽縣故
豫章之屬矣地多女鳥玄中記曰新陽男子於水
次得之遂與共居生二女悉衣羽而去豫章閒養
兒不露其衣言是鳥落塵於兒衣中則令兒病故
亦謂之飛夜遊女矣又西北逕下雉縣王莽更名
之潤光矣後併新陽水之左右公私裂溉咸沃壤
舊吳屯所在也江水口右東得蘭溪水口並江浦也
又東左得青林口
即水出廬江郡之東陵鄉江夏有西陵縣故是言

東矣尚書云江水過九江至于東陵者也西南流
水積爲湖湖西有青林山宋太始元年明帝遣沈
攸之西伐子勛伐柵青山覩一童子甚麗問伐者
曰取此何爲荅欲討賊童子曰下旬當平何勞伐
此在衆人之中忽不復見故謂之青林湖湖有鯽
魚食之肥美辟寒暑湖水西流謂之青林水又西
南歷尋陽分爲二水一水東流通大雷一水西南
流注于江經所謂利水也右對爲頭岸自富口迄
此五千餘里岸阻江山

水經卷第三十五